U0871135

我
思

敢于运用你的理智

历史语言学中的比较方法

〔法〕梅耶——著
岑麒祥——译

长江出版传媒
崇文書局

图书在版编目（C I P）数据

历史语言学中的比较方法 /（法）梅耶著 ；岑麒祥
译. -- 武汉 : 崇文书局, 2023.5
（崇文学术译丛·语言与文字）
ISBN 978-7-5403-7291-0

Ⅰ. ①历… Ⅱ. ①梅… ②岑… Ⅲ. ①语言学史一研
究方法 Ⅳ. ① H0-09

中国国家版本馆 CIP 数据核字（2023）第 060906 号

历史语言学中的比较方法
LISHI YUYANXUE ZHONG DE BIJIAO FANGFA

出 版 人　韩　敏
出　　品　崇文书局人文学术编辑部·我思
策 划 人　黄显深（bithxs@qq.com）
责任编辑　黄显深　鲁兴刚
责任校对　魏红艳
封面设计　书与设计工作室
责任印制　李佳超
出版发行　长江出版传媒｜崇文书局
地　　址　武汉市雄楚大街 268 号 C 座 11 层
电　　话　(027)87677133　邮政编码　430070
印　　刷　武汉中科兴业印务有限公司
开　　本　880㎜×1230㎜　1/32
印　　张　9.25
字　　数　170 千
版　　次　2023 年 5 月第 1 版
印　　次　2023 年 5 月第 1 次印刷
定　　价　68.00 元
（读者服务电话：027－87679738）

本作品之出版权（含电子版权）、发行权、改编权、翻译权等著作权以及本作品装帧设计的著作权均受我国著作权法及有关国际版权公约保护。任何非经我社许可的仿制、改编、转载、印刷、销售、传播之行为，我社将追究其法律责任。

序

我得到宋墨费尔特（Alf Sommerfelt）先生的通知，说最近由斯当（Fr. Stang）教授发起，在克里斯底安尼亚（Kristiania，现名奥斯陆 Oslo）创办的规模宏大的学术机关——比较文化研究所，邀约我去参加开幕演讲会，我很乐意地马上就答应了。

这位寄给我请帖的青年学者，曾经在大战期间和法国的语言学家一道做过几年工作。他在我们这个小团体里成了大家的朋友。他的祖国的语言学的发展多赖他的力量。我很高兴能够重新和他见面，并且在他的祖国和他一块儿做短期的工作。

我能够参加这个对于人文科学的研究将有极大贡献的新机构的开幕典礼，是很荣幸的。到现在为止，我们曾经就手头所有的材料做过不少工作，但是这些材料都已经用完了。现在大规模的、有系统的调查的时候已经到了。要这样，我们才能够得到一些新的材料，把那些现在为大家所承认的理论发扬光大起来。另一方面，使从事研究人类和人类文化的各个方面的学者得到一个接触的机会，也是很重要的：不明白使用那种语言的民族的生活情况，就不能了解这种语言；不了解那些人的语言，也就不能真正明白他们的宗教和社会习惯。这个新成立的学术机关是包括各方面的整体，说明它所研究的对象（就是人类）也是包括各方面的整体。我们很希望别的地方也有同样的组织，并且有充足的经费从事各种调查。

我得到各位创办人同意选定的这个讲题，也就是我们现在所应当考虑的一个。三十年来，我们就 1875 年至 1880 年间所拟定的那些原则取得了我们所能期待的结论之后，历史语言学又重新回到酝酿的时期了。新进行的调查使我们得到一些意外的结果。以前从来没有人这样努力过，要把语言的一切变化列为“规律”，甚至于“一般的规律”，从来没有人企图这样细密地钻研那些最特殊的事实，并且深入地了解创造语言新现象的人类的心理。从那些最古的语言（它们的变化只表现出一些轮廓）以至各种现代语言（它们的事实具体而且特殊，细节掩盖住总的趋势），我们观察到一些极不相同的事实。语言学已经和一切邻近的学科发生接触，我们希望能够从这里找到一些解释。——除了印欧系语言以外，其他各种语言的历史研究虽然进展得太慢，可是也有所进展；不过那些在印欧语领域里得到了成绩的办法，并不是随便在什么地方都一样可以应用的。我们必须详细地考察我们所采用过的那些方法，看看它们是否合用，以及怎样才能够扩大它们的用途，并且把它们加以改变，以求适合新领域研究的需要，而不至于降低它们的严密性。

近年来，许多语言学家曾经提出一些证明得极坏的假设，所以我们更加有把这些方法加以考察的必要。新的词源研究作得很多，但是大多数连一点证明的迹象也看不出。目前大家对于保证词源的比较作得正确的那些条件还没有一致的意见，所以对这些词源研究作详细的批评是徒劳无功的。如果大家承认这本书里所陈述的那些原则有稳固的基础，那么，大部分近年来所提出的关于古印欧语的复杂的假设和关于印欧语的词源，就几乎用不着我们来考察了。这个讲稿里虽然没有关于这一点的讨论，但是对于许多不能满足严格方法的要求的新作品，也有一些会意的批评。

我们不打算对这里所提出的问题发表什么新的意见，而只想把那些可以而且应当在历史语言学中采用比较方法的条件准确地决定下来。读者如果能够正确地理解这种方法的价值和范围，我们就心满意足了。

这里所发挥的意见是演讲以后才写定的。写作时曾经得到各方面的批评，尤其是宋墨费尔特先生的批评，我谨在这里向他表示谢意。

我希望——不过希望也许是空的——这些讲稿能够在广大读者中得到宽容而善意的接受，像在克里斯底安尼亚一样。

克里斯底安尼亚，1924 年 9 月

梅耶

目录

一　比较方法的定义

进行比较工作有两种不同的方式：一种是从比较中揭示普遍的规律，一种是从比较中找出历史的情况。这两种类型的比较都是正当的，又是完全不同的。

世界上各处地方都有一些关于动物的故事：动物与人的相似之点是这样明显，所以把一些人类固有的行为加到动物身上，来表明一些不容易直接使人了解的事情，是很自然的。我们可以比较这些故事，确定它们的形式、性质和应用范围，从而建立一个关于动物的故事的一般理论。我们在其中所发现的相同之点，是由人的共同心理所造成的；其中的不同之点，是由文明的类型和程度的差别所造成的。用这样的方法，我们可以知道人类的共同性质，但是一点也不能知道人类的历史。

假如我们和法国青年学者杜美西尔（Dumézil）先生一

同去研究那些关于“长生水”的印度欧罗巴神话，所得的结果就完全不同了。这种以为有一种水可以使人长生的想法实在太自然了，所以不是什么民族的特点。可是，在每个印欧语民族中，都或多或少地可以遇到这种在一个巨桶里酿造“长生水”的传说，这个传说还加上假未婚妻的故事或神仙和恶魔相斗的说法，可见这里面是包含着许多特殊的事情的。这些特殊的事情之间并没有什么联系，所以它们的结合绝不是偶然的。

假如语言所表达的意思和那些用以表示这意思的声音之间有一种或松或紧的自然联系，就是说，假如语言符号可以撇开传统，单用它的音值本身可以使人想到它所表达的概念，那么，语言学家所能采用的就只有这种一般的比较方法，任何语言的历史也就都不会有了。

但是事实上语言的符号是任意规定的：它只有靠传统的力量才能有意义。如果在法语里，大家用 *un*，*une* 来表示“一”，用 *deux* 来表示“二”，等等，那并不是因为 *un*，*une* 和 *deux* 等词本身和“一”“二”等意思有什么关系，而只是因为说法语的人教给学法语的人的习惯是这样的。

只是因为语言符号具有这种完全任意的性质，所以才能有现在所要研究的这种历史比较方法。

比方法语、意语、西班牙语的数词是这样的：

	法语	意语	西班牙语
一	*un*，*une*	*uno*，*una*	*uno*，*una*
二	*deux*	*due*	*dos*
三	*trois*	*tre*	*tres*
四	*quatre*	*quattro*	*cuatro*
五	*cinq*	*cinque*	*cinco*
六	*six*	*sei*	*seis*
七	*sept*	*sette*	*siete*
八	*huit*	*otto*	*ocho*
九	*neuf*	*nuove*	*nueve*
十	*dix*	*dieci*	*dies*
二十	*vingt*	*venti*	*veinte*
三十	*trente*	*trenta*	*treinta*
四十	*quarante*	*quaranta*	*cuarenta*
一百	*cent*	*cento*	*ciento*

这里面的相符之点绝不是出于偶然；其所以不是偶然的，是因为从一种语言与另一种语言的那些差异中，可以找出一些确定的对应规律来。比方 *huit*，*otto*，*ocho*，“八”等词间的差异初看起来很大，但是这个差异并不是偶然的，因为这样的对应还有很多，如法语的 *nuit*“夜”，意语的 *notte*，西班牙语的 *noche*；或法语的 *cuit*“煮”，意语的 *cotto*；以至法语的 *lait*“乳”，意语的 *latte*，西班牙语的 *leche*；法语的 *fait*“事实”，意语的 *fatto*，西班牙语的 *hecho*；等等。

这些显而易见的相符之点固然给我们指出了应当遵循的途径，但是可以利用的却只是那些语音对应的规律。

显而易见的相似之点给我们指出了很好的途径的地方，常常有些特殊的细节予以证实。比方 *un* 和 *une* 有阴阳性之分，而其他的数词却都没有，这一点是很重要的。因此，我们可以假定，法、意、西班牙三种语言的数词出于同一个来历。在这种情形之下，经验告诉我们，只有两个可能的来历：一、这三组数词同出一源；二、这三组中有两组的形式是从另外一组借来的。在这个例子里，第二种假设是不可能的，因为在这三种语言中，我们不能用任何一种语言的形式来解释另一种语言的形式。法语的 *huit* 不能出于意语的 *otto* 或西班牙语的 *ocho*，意语的 *otto* 不能出于法语的 *huit* 或西班牙语的 *ocho*，西班牙语的 *ocho* 也不能出于法语的 *huit* 或意语的 *otto*。由此可以证明法、意、西班牙这三种语言的数词有一个共同的出发点，而这出发点不是法语，不是意语，也不是西班牙语。

在以上所举的例子中，相符之点又多又完备，对应的规律又极容易认识，连门外汉也可以马上看得出来，用不着语言学家去发现它的证明价值。假如我们考察一些在时间上和空间上相隔较远的语言，如梵语、古雅典希腊语、拉丁语和古典亚尔明尼亚语（l'arménien classique）等，相符之点就没有这样显著，对应的规律也就比较难于确定了。

	梵语	希腊语
一	*ékaḥ*，*ékā*，*ékam*	*hēs*，*mia*，*hen*
	拉丁语	亚尔明尼亚语
	ūnus，*ūna*，*ūnum*	*mi*

［以上三个形式中，第一个是阳性的，第二个是阴性的，第三个是中性的；亚尔明尼亚语没有这种语法上的性的分别。］

	梵语	希腊语	拉丁语	亚尔明尼亚语
二	*d(u)vā*	*dyo*	*duo*	*erku*

［“二”这个数词是有性的分别的，这里只举出阳性的形式；“三”和“四”也是如此。］

	梵语	希腊语	拉丁语	亚尔明尼亚语
三	*tráyaḥ*	*trēs*	*trēs*	*erek'*
四	*catvā́raḥ*	*téttares*	*quattuor*	*č̣ork'*
五	*páñca*	*pénte*	*quinque*	*hing*
六	*ṣáṭ*	*heks*	*sex*	*vec̣*
七	*saptá*	*heptá*	*septem*	*ewt'n*
八	*áṣṭā*[1]	*óktō*	*octō*	*ut'n*
九	*náva*	*ennéa*	*nouem*	*inn*
十	*dáça*	*déka*	*decem*	*tasn*

除了“一”这个数词暂且不论，可以说希腊语、拉丁语以至梵语间的对应大部分是显而易见的，可是亚尔明尼亚语和其他语言间的对应就没有这样明显了。

但是我们把亚尔明尼亚语的各种事实详细考察一下，就可以看到这些相符之点的证明价值。

比方亚尔明尼亚语的 *erku*（二）和拉丁语的 *duo*（二）等是不相似的；不过一些其他的对应表明 *erk-* 可以与其他语言的 **dw-* 相当；例如希腊语有一个词根 *dwi-* 表示“怕”的意思，亚尔明尼亚语也有一个 *erki-*（*erkiwl*“怕”）；希腊语有一个很古老的形容词 *dwārón*，表示“长久”，亚尔明尼亚语也有一个 *erkar*“长”（参看下文第 32 页。从这个相符之点可以得出一条一般的对应规律：古代的 *dw-* 在亚尔明尼亚语中变成了 *erk-*）。

作为复合词的第一个成分，希腊语有一个 *dwi-*，亚尔明尼亚语有一个 *erki-*。所以有这组特殊的相符之点是不容许我们存任何怀疑的（参看下文第 113 页）。

亚尔明尼亚语 *erek'*“三”和 *čork'*“四”等词的形式和希腊语的 *trēs*，*téttares* 相差很远；但是它们至少有一部分可以用同类的对应来解释。并且有一种特殊的细节就是：在梵语和希腊语中，“三”和“四”都有正规的格变形式，而自“五”以后的数词却是不变的；在亚尔明尼亚语中，“三”和“四”也有正规的格变形式，特别是语尾 *-k'* 是亚尔明尼亚语多数体格[1]的记号，而这个记号在其他各数词里就找不着了。

由此看来，这些数词形式的相符之点，在梵语、希腊语、拉丁语和亚尔明尼亚语中，初看起来虽没有像在法语、意语和西班牙语中那么明显，其实是同样可靠的。

这些相符之点不能用各语言间互相借用来解释，可以假设它们有一个共同的来源。但是我们还要用一种系统化的方式来解释，这就是历史比较语言学的目的。

我们刚才提出了工作方法的原则。这种方法看起来似乎很复杂，难以运用。但是除此之外，是没有别的方法可以建立语言的历史的。

因为语言的历史绝不是只靠一些依照年代排列起来的文籍就能建立起来的。语言学家利用古代的文籍，只不过是为了从那里面观察语言的情况。当然，一切古代语言的事实都只能依靠文籍来观察。比方我们要考察古雅典希腊语或歌特语，古典亚尔明尼亚语或古斯拉夫语，就是依靠

---

1 关于古印欧语中名词格的译名，这里斟酌采用旧译：nominatif 体格，accusatif 业格，instrumental 具格，datif 为格，ablatif 因格，genitif 属格，locatif 依格，vocatif 呼格。《大唐大慈恩寺三藏法师传》卷三云："言八啭者：一诠诸法体，二诠所作业，三诠作具及能作者，四诠所为事，五诠所因事，六诠所属事，七诠所依事，八诠呼召事。" cas sujet 仍译作"主格"，cas régime 仍译作"宾格"。本书没有用到具格和呼格。——编者注

一些书面的史料。这些史料，用批评的眼光来解释，是可以给我们许多材料的，并且常常可以使我们对于古代语言的某些情况得到一个正确的概念。但是这种研究只能使我们确定一种语言在某一时代某种条件下的情况。直接观察古代的语言已经不可能了，考察文籍只是直接观察的代用品。

即使是最好的文字（书面的语言），也并不能准确地记录口语的连续变化。文字（书面的语言）常常是固定的，世代相传，它的形式几乎是没有变化的。就是在文字（书面的语言）没有完全固定的时候，书写习惯大体上总受以前的形式的支配——这些形式又不是大家都熟悉的。

我们可以举一个拉丁语的典型的例子来说明。在伯劳图斯（Plaute）和圣奥古斯丁（Saint Augustin）所用的书面语言之间，就有细节上的差别；但是在写法上却差不多，没有什么不同；语法上的形式和主要的词汇都还是一样。语文学家[1]曾经费了不少的力气去寻找拉丁语在各个历史时期之间的差别。他们把一个语法学家所能采用的一切细密准确的方法都应用到这种研究上去。他们实际上也找到了一些细微的差别；但是在这些差别当中，相当大的部分都

1 原文 linguistique 和 philologie 意思不同，译文也把它们分开，如下：

linguistique 语言学	philologie 语文学
linguistique 语言学的	philologique 语文学的
linguiste 语言学家	philologue 语文学家

是属于文学方面的：伯劳图斯那些为大众而写的喜剧，是不能与西塞禄（Cicéron）的演讲录和凯撒（César）这位纯语派的公报相比的。那些希腊派诗歌所用的语言和散文所用的并不相同。这个作家和那个作家之间也有一些差别。但是大家所写的和学校里所教的实际上却只有一种拉丁语。

此外，在各种文籍里所用的各种形式当中，也只有用比较的方法，才能够指出那些对以后的语言史有影响的形式。比方表达“耳朵”这个意思的，我们在拉丁语的文籍里可以找到一个 *auris*，还有一个派生词 *auricula*。在拉丁语的古代文籍里并没有说明，这两个形式当中哪个要占优势。*auris* 是通用的形式。可是各种罗马族语言的形式如法语的 *oreille*，意语的 *orecchia*，西班牙语的 *oreja* 等，却都是从 *auricula* 变来的。我们只有比较法、意、西班牙等语言，才能知道作为罗马族语言的基础的那一个形式。

另一方面，继续存在下去的却并不是书面的语言。作家的作品里所保存的书面的拉丁语，和罗马族语言所继承的口头的拉丁语之间，是有差别的，这些差别随个人和他们的文化程度而不同。然而，罗马族语言所继承的并不是书面的拉丁语。比方“口”在书面的拉丁语里是 *ōs*，但是继续存在下来的却是那口语的 *bucca*。像这样的例子还有很多。

历代的文籍虽然提供前后各时代语言的情况，我们在文籍中也找不出语言的连续性。从古拉丁语到罗马族语言，主要的变化都出现在书面拉丁语和罗马族语言的最初遗文之间。那些在公元 3 世纪至 10 世纪用拉丁语写作的人们，受了他们那种已与古拉丁语完全不同的语言的影响，的确无意中误用了许多形式，这些形式在古拉丁语中是不正确的；我们如果不依靠对罗马族语言的知识，就无法估计这些笔误的价值，无法了解这些语言学上的证据。从罗马帝国时代到加洛林基时代（l'époque carolingienne），那些不大通顺以至无意中写出违背古典习惯的错误的人，他们所写的拉丁语文籍，特别是在确定语言现象的年代方面，为罗马族语言比较语法提供了一些正确的材料；但是他们所提供的宝贵线索却只在于指导比较工作，没有比较工作，这些线索就都落空了。假如罗马族语言在没有记录下来之前就死去，古典拉丁语就会变得支离破碎，不能理解；我们对于已经完成的变化，就不能建立任何精密完备的理论。语言变化的全部要点就在我们眼界以外了。

波斯语的历史给我们提供了一个更可注意的例子。我们可以从帝王的碑文中认识到——当然是很不完备的——大流士（Darius）和薛西斯（Xerxès）时代的波斯语。公元前 5 世纪到公元 3 世纪的波斯语没有留下任何证据。然后才又找到了伯尔威语（pehlvi）。

但是，第一，这伯尔威语不是从阿输美尼（achéménide）

朝帝王的碑文里所载的语言传下来的（我们一直以为如此，到最近几年才知道不是）。我自己曾经说过，德迭斯可（Tedesco）先生说得更精密、更完备，萨散（sassanide）朝的文籍里的伯尔威语——就是波斯书面语言的祖先——有许多与阿输美尼朝波斯语不同的特点。所以我们不能说，语言学家在这一方面所掌握的是同一种语言的传统；他看到的是属于两个不同时代的很接近的语言，而不是同一种语言。

其次，在阿输美尼朝波斯语和萨散朝伯尔威语之间，发展的差异也跟古拉丁语和罗马族语言之间一样大。在这两个时期之间,语言已经改变性质。也跟拉丁语的领域里一样，语言变化的要点在历史学家眼界以外。语言学家在这里处理的是两种极不相同的语言情况；想要建立历史，就非构拟出两者之间的情况不可。伊兰语族的各种现代语言的比较，可以帮助我们进行这种构拟工作；但是比较工作只能得出一些方向，不能得出肯定的证据。

通常的情形，语言的历史是要比较语言的各种情况才能建立起来的。因为人们在写作的时候，虽然间或也或多或少依照当时的口语习惯，但是历代文籍所提供的事实，比起从没有人把它记载下来的那些重大的事实来，差不多总是不大重要的，不关轻重的。要确定过去的语言的情况，语言学家应该利用最正确最精密的语文学：在语文学的精密性上每有一次进步，语言学家才可以有一次新的进步。语文学家和比较语言学家之间的接触，幸亏已经逐渐密切起来，这种接触是必要的，因为这样语言学家才能利用一切事实，利用确定的事实，利用观察得到最精密的事实。但是单有语文学却是连语言史的开端也无从着手的。

比较研究是语言学家用来建立语言史的唯一有效的工具。我们所要观察的是变化的结果，而不是变化本身。所以只有把这些结果结合起来，才能够追溯语言的发展。

但是这些变化结果的结合，我们在下文可以看到，是严格而精密的。一切结合都必须建立在这个基础上，就是肯定不同语言之间的某些相符之点不能用人类共有的特点来解释，而必须假定有一个特殊的传统。

这就是比较方法的本质。我们要估计一个结合的证明价值，只有绝对不忽视证据的这种性质才行。

二　共同语

比较方法既然是建立语言史的唯一方法，因此，一种语言只要是孤立的，就没有历史可言。在 16 世纪巴斯克语（Basque）和现代巴斯克语之间，情况是有一些不同的；但是那些变化并不是主要的；在实质上，这种语言还是和从前一样。所以如果我们想不出办法把巴斯克语拿来和某种别的语言对比，那就永远没有建立这种语言的历史的希望。反过来说，如果马尔（Marr）和奥诗低尔（Oštir）这一方面，以及托龙伯低（Trombetti）那一方面，他们比较巴斯克语和地中海沿岸的一大组语言，尤其是高加索系的语言的那些尝试成功了，巴斯克语就不再是孤立的，而进到历史领域里来了。

就系属已经确定并且按照一定方法研究过的各组语言来说，对它们进行比较的办法，就是在它们之间构拟出一种原始的“共同语”（“langue commune” initiale，德语叫作 *Ursprache*）来。这并不是提出语言之间一些局部的相符合之处，语言里头每一项事实都是一个息息相关的整体的一部分。我们不应当把一件琐碎的事实和另一件琐碎的事实拿来比较，而应当把一个语言系统和另一个语言系统拿来比较。当然，用上述的那些比较，并不是随时都能够构拟出一种语言的整体；我们甚至不能先验地肯定，在任何情况下都必须构拟出一种统一的原始语言。——“混合语”的问题下文再讨论。可是在比较研究进行得成功的地方，比较研究是能构拟出原始语来的。

这种构拟有什么价值呢？那是几乎绝不能拿一个我们所知道的实际语言来对比的。但是在一个场合可以这样做，就是在各种罗马族语言中。不过，比较各个罗马族语言而构拟出来的共同语，和这些语言分化时的拉丁语比起来，还差得很远。假如我们只是就各个罗马族语言来认识拉丁语，那是连 *amabo*（“爱”，第一人称将来式），*dicam*（“说”，第一人称将来式），*dices*（“说”，第二人称将来式）这样的古代将来时也不会知道的。首先我们会对于那些名词的变格得不到一点概念：直到 13 世纪，那些高卢罗马族的土语还在阳性的名词里分出一个主格和一个宾格，而其他罗马族土语却都已经没有这种分别了；13 世纪末叶以后，无论哪种罗马族语言的名词，不论单数、多数，都是不变的了。可是在罗马帝国解体的时候，名词的变格却还存在着，并且有很大的作用。比较方法虽然在许多方面提供出一些材料与事实上有证据的语言相符合，比方关于动词的变化，但是绝不能提供语言的整体。——有些古语的残迹，在熟悉古代形式的人看来是很有兴趣的，但是在那些只能运用比较方法的语言学家看来，却是无法理解的。比方法语的 *rien*（指物的不定代词，常用来表示否定）这个词的鼻音，如果知道拉丁语的业格的特点是有一个收音 *-m*，那就可以看出这是古代业格的一个遗迹；但对那些只能利用比较方法的罗马族语言学家来说，是没有办法认出这里面有一个像拉丁语 *rem* 这样的业格的。所以“构拟”只能给我们一个不完备的，而且毫无疑问是极不完备的关于“共同语”的概念。

这是因为那些由同一种“共同语”变化来的语言，不仅保存有某些古代的特点，而且长期保持着一种趋势，要发生共同的或者类似的变化。因此“共同语”的某些部分，在无论哪种语言里都会消失到不留痕迹，或者只留下一些残迹，要真正了解那个“共同语”才能辨认出来。

名词的变格，在古拉丁语里本来是一个非常主要的要素，但是在各个罗马族语言里老早就已经消失了。这个消失在各个语言里是各自独立进行的，那些高卢罗马族的土语就可以证明：因为它们起初还保存变格的残迹，表现为一个主格和一个宾格的对立，不过13世纪末叶以后这一点残迹也失去了。

古拉丁语的业格的鼻音尾，在无论哪种罗马族的语言里都已经消失：比方 *terram*（地）和 *regem*（王）的鼻音尾，在法语的 *terre* 和 *roi* 里就没有痕迹了。这个鼻音只在那个重读的单音节词 *rem* 里保存着，变成了法语的 *rien*。

平行的、剧烈的和繁多的创新，虽然使比较语言学家的构拟工作不能完备，差得很远，但是这种构拟的基础却是正确的。比方说，古典拉丁语拼法里这个尾音 *-m* 保持不失，就并不能给人一个符合实际情形的正确概念。这个鼻音尾当时读得很轻。在最古的拉丁语的写法里，常常并不把它写出来。在诗人眼中，这个鼻收音 *-m* 在元音之前并不能阻止他们把那最后的一个元音省去：在拉丁诗法里，*terram* 的 *-am* 和 *terra* 的 *-a* 完全一样，下面遇见一个元音就把它省略掉。各个罗马族语言里没有这尾音 *-m* 就表明这个鼻音在拉丁语里读得很弱，不过古代的拼法把它掩盖住罢了。

此外，拉丁语里那些一去不复返的特性，对于想研究罗马族语言的人说，是没有什么重要的。对他们有用的是拉丁语用来构成新形式的那些要素。构拟并不能得出人们说过的那种真正的拉丁语；任何构拟都不能得出曾经说过的"共同语"。用一些历史上已经证实了是同族的语言来"构拟"出印欧语，在施莱歇尔（Schleicher）是一种天才的大胆；但是用这种“构拟”出来的语言来写成一篇文字，在他也是一个严重的错误。比较方法只能得出一种相近的系统，可以作为建立一个语系的历史的基础，而不能得出一种真正的语言和它所包含的一切表达方式。

在用比较方法构拟出来的原始“共同语”和在事实上有证据的语言之间，可以有一种或几种过渡的“共同语”。比方在印欧语和各个罗马族语言之间，就夹着一种很大的“共同语”，即“共同罗马语”（roman commun），一般叫作“大众拉丁语”（latin vulgaire）；同样，在印欧语里，歌特语、古高德语、古英语和古北欧语之间，也曾有过一种“共同语”，即“共同日耳曼语”。这“共同日耳曼语”在事实上还没有得到证据，它的存在是根据许多有系统的创新假定的。这些过渡阶段使解释工作容易了许多。

如果要解释法语、意大利语、西班牙语、葡萄牙语和罗马尼亚语的事实，罗马语言学家必须追溯到共同印欧语，而没有“共同罗马语”这一个过渡阶段，那些事实的解释就会特别不完备，而且常常是不可能的。

如果没有这样一些过渡阶段，就要遇到许多重大的困难。罗马族语言学家研究各种高卢罗马族或意大利族的土语时就是这样。因为没有“共同高卢罗马语”，没有“共同意大利语”，所以只好把每种高卢罗马族或意大利族的土语直接拿来和共同罗马语比较。这并不是说，像法国北部的那些土语之间，是没有许多共同的特性的；这些特性中最显著的，我们可以在以巴黎话为基础的法兰西书面语言里找到。不过自从各种罗马族土语分化之后，它们都各有自己的历史。所以一般从事研究高卢罗马族和意大利族土语的罗马族语言学家，就不得不按照他们所研究的土语的类型，为每种土语构拟出全部的历史，或者采用一些相当任意的简化手段。为了解决这个困难，已经有许多人做过各种尝试，特别是伯洛克（Oscar Bloch）先生对佛日山（les Vosges）一个地区（勒米尔蒙 [Remiremont]）的土语所做的。但是他们的方法无论怎样巧妙，这种困难是不可能完全消除的。

假如我们有一些过渡的共同语，这些事实的解释就容易得多了。不过这也不是随时可以完全利用的。比方在印欧语和拉丁语之间，我们知道曾有过两个统一的时期：意大利–克勒特时期和意大利时期（“意大利”时期产生了拉丁语和奥斯克–昂伯利语 [l’osco-ombrien]）。但是意大利–克勒特共同时期对于我们并没有一点用处，因为它的时间太短，不能有很多的影响很大的创新。意大利共同时期的用途也大不了多少，因为我们对于奥斯克–昂伯利语只有一些极其片断的认识。

构拟原始“共同语”的问题，在每一种语言中，都是以特殊的方式出现的。在每一种场合我们都应当利用所遇见的那些特殊情况。

“共同语”以共同文化为前提；因为事实上只有当一种土语扩充到一些以前不用这种土语的新区域上时，才能有共同语。这种共同语被一些征服者或移民带到一个新的地方去，可能永远不为当地的土著所接受，土著都迁移到别的地方去了，或者都消灭了：英语在北美洲情形大体上就是这样。那些带来新的语言的人也可能和土著结合，这些侵入的人数目虽少，土著却接受了这种新的语言：西班牙语和葡萄牙语在中美洲和南美洲某些部分就是这样。总之，一种语言要能代表一种有权威的文化才能够扩充。甚至语言的扩充完全依赖一种文化的权威：伊奥尼亚–古雅典的标准语（koiné）代替了其他一切希腊土语，就是由于它是希腊文化的出色代表。

拉丁语为罗马帝国的整个西部地区所接受，就是因为它具有一种比罗马所征服的各民族更高的文化。在帝国的东部，希腊语代表了一种更古老的文化，这种文化至少从知识的观点看来是更高的，所以拉丁语就没有被采用。在高卢，贵族阶级自罗马征服高卢以后就从事研究拉丁语，自从帝国的初期起，高卢贵族的文化就已经是十足的拉丁文化。但是高卢语并没有因此而消灭，人民还把它保持着使用了许久。从一些最近在法国南部发掘出来的陶器来看，高卢的陶工使用的还是高卢语；他们所用的语法是高卢的，数词也是高卢的；但是一切与文化有关的词都已经不是高卢的了：人名不是高卢的，所制的陶器的名称也不再是高卢的了（关于这一点，参看《巴黎语言学会会刊》第 25 卷第 39 页以下，房德里耶斯 [J. Vendryes] 先生的按语）。在这里，一种更高的文化的权威使一个民族改变了它的语言。

文化的优越性并不一定是关于物质方面的。优越性可以表现在一种特别适合于某个时代和某个地区需要的社会组织上。我们没有理由相信，使用“共同印欧语”的民族在制作物质工具方面比他的邻族优越，比方在农业和金工方面比邻族进步。那些使用印欧语的古代民族的特点，是在于社会组织的意识和它们的贵族的创造能力。这种组织是不容许有什么中央权力的。每个家长就是他的大家庭里的主人。每个部落的酋长都是各自独立的。其间最多只有一些暂时的和不稳定的联盟。我们观察那些使用印欧语的古代民族的时候，随处可以看到一些自主的部落和一些家长握大权的家庭。每个希腊的城就是一个独立的小邦。每个高卢的或日耳曼的集团也是一样。一个酋长自己觉得能够团结一些冒险的人的时候，他就跑到一个可以过自主生活的地方去了。古希腊人在地中海沿岸的殖民，和卫琴人（Vikings）在爱尔兰、英吉利、诺曼底以至西西里的殖民（布

适 [S. Bugge] 先生已经用他对于实际的敏锐直觉比较过两个运动），就是这种独立精神和冒险精神的显著的例子。使用印欧语的民族就是由这样的许多小集团组合而成的。这些小集团一定把它们的统一的意识保存了许久，所以甚至在印欧世界的统一瓦解了以后，还形成了一些同样类型的民族，仍然保存着他们的统一。比方那土名叫作阿利安（*ărya-*）的印度–伊兰（indo-iranien）集团，就老远地扩充到亚洲，13 世纪时曾经出现在加巴多斯（Cappadoce），亚述–巴比伦人（Assyro-Babyloniens）曾在美地亚（Médie）和它发生过接触。阿利安民族向前征服了伊兰高原，侵入印度以至黑海南岸整个地带，向东直到中国边境。在中国万里长城附近就有人找到了一些公元初年的粟特语文籍。

由于使用印欧语的民族散布得这样广，把他们的社会组织的类型和语言从亚洲各地传播到了欧洲各地，于是他们的古代民族统一的意识和语言的统一就失去了。以后在各个占领区域里建立的那些新集团又失去了它们的统一。阿利安世界，日耳曼世界，克勒特世界，也和印欧世界一样相继解体。像这样一直到近代，差不多每一个国家都各有自己的“共同语”，并且这种共同语有消灭地方土语的趋势。在近代有一种新的情况发生，这种情况是不会持久的，就是在现在的欧洲，物质文明和精神文明实质上已经统一，“共同语”反而日见增加；这实在是一种非常态。

每一种古代的大“共同语”应该表现一种文明的类型。因此，世界上的大部分语言，看起来都是由少数几种共同语演变出来的。只要各种比较语法一天没有建立起来，我们就不能做任何绝对的肯定。但是，从现在起，我们已经明白地感觉到非洲黑种人的语言都是起于一种同一的原始语的。想在语言区域和文化区域之间定出一个确定的、不变的、正常的关系，将是一件危险的事。但是其间有一种关系却是确定的：把共同语和文化区域联系起来，将是未来的人所研究的工作之一。现在我们已经约略看到一些相符的特点了。

三　所用的证明

我们要确定一种古代共同语的存在，必须在所比较的语言中尽量找出这种古代语言的那些被保存下来的特性。因此应当研究这种语言的各个成分的作用是怎样的，因为它们并不是以同等的程度保存下来的，也不是以同样的方式保存下来的。任何语言都包含三个不同的系统，彼此之间有一定的联系，但是大体上这三个系统可以各自独立发生变化。这三个不同的系统就是：形态、语音和词汇。

形态，就是用来变化词、组合词以构成句子的全部规则，是语言中最稳固的方面。但是在这里应当把那些一般的规则和各种变化形式的细节区别开来。

一般地来看，形态的类型是不多的。主要的区别在于：在有些语言中，词与词之间的关系以及词的各种用法，是用词本身的特殊形式来表示的，可是在另一些语言中，这些关系和用法是用附加成分、虚词（或附属词）和词的次序来表示的。在前一种语言里，是有所谓“屈折”的。不过这个区别也并不是绝对的，不同的规则和不同的成分相混合的情形也是有的。

虽然习惯常常使某种类型保持得很久，甚至在这个类型趋于整个废弃的时候，还留下一些痕迹，可是我们却不大能利用这些共同的类型来证明一种“语言的亲属关系”，因为类型常常有以不等的程度逐渐趋于完全消失的趋势，比方各个印欧系语言的历史里就有过这种现象。

共同印欧语代表这种所谓“屈折”的最极端的类型。所有的词的用法，所有的词中间的联系，都是用词内部形式的差异来表示的。在梵语里，这种“共同印欧语”的特性保存得特别好，“我是”说成 *ásmi*，“他们是”说成 *sánti*，“他曾经是”说成 *ā́sa*，诸如此类。“父亲”这个词，用作主词时，形式是 *pitā́*（体格）；用作直接宾词时，形式是 *pitáram*（业格）；用作名词的补语时，形式是 *pitúḥ*（因格）。可以看得出同一个词的各种形式之间，差别是很大的；而各种词的功用就是靠这些差别来表示的。直到现在，各个印欧系语言，即使是最进化的，也都多少保存着一点这种古代的类型；比方在法语中，名词已经成为不变的了（多数的 -*s* 纯粹是写法上的）；但是动词却还保留着大部分的屈折：

aime（你爱吧），*aimez*（你们爱吧），*j'aimais*（我从前爱），*nous aimions*（我们从前爱），其中的差别是很显著的，而 *je veux*（我要）和 *nous voulons*（我们要），*je voudrais*（我将要）和 *j'ai voulu*（我曾经要）等等之间的差别就更显著了。可是现代法语的一般结构与印欧语是绝对不同的。英语的结构与印欧语更加不同。各种罗马族语言、大部分的日耳曼族语言和伊兰族语言，认真说来今天都已经不足以担当"屈折语"这个称号了。就是那些最保守的印欧系的语言，类型也与共同印欧语的完全不同。现在大家所说的各种印欧语的结构，和共同印欧语的结构有很大的差别，而且彼此之间又很不同。所以我们是不能就一般的结构来认识一种印欧系的语言的。

共同"印欧语"是采用后加法的，就是说，那些附加在词的表意部分上的语法成分，总是加在后面的。比方在拉丁语中，这种用法就保存得很好；表示复数体格和业格的符号 *-ēs* 和表示复数属格的符号 *-um* 都是加在 *patr-* 后面的，如：*patr-ēs*（父亲们），*patr-um*（父亲们的）等。相反地，在法语中，却有采用前加成分的趋势。拉丁语 *amō*（我爱），*amā*s（你爱），*amat*（他爱），区别在词尾；法语 *j'aime*（我爱），*tu aimes*（你爱）（那 *-s* 纯粹是写法上的），*il aime*（他爱），区别却在 *je*，*tu*，*il* 等成分。传统的语法把这些成分叫作"代名词"，但是它们并不能独立存在，其实只是一些前置的语法符号罢了。在这一方面，法语也与印欧语不同。

所以，我们不能用这一类只要几个世纪的工夫就会完全改变，并且只包含少数差异的一般结构，来确定语言的亲属关系。在拉丁语里有 *liber Petri* 或 *Petri liber*（“彼得的书”，这两个次序都是可以的），那就是说，“彼得”和“书”的关系，是用名词的 *Petri* 这个形式来表示的。这个名词作主语的格是 *Petrus*，作直接补语的格是 *Petrum*，在词尾上有一些差别。可是在法语中，名词和它的补语的关系则是用 *de* 这个前置虚词和 *de Pierre* 这个次序来表示的（*le livre de Pierre*，“彼得的书”）。任何人比较这两种语言，都不能在这两种语言所用的规则当中找出什么共同的特征。

可以作为确定“共同语”和后代语间的连续性的证据的，只有那些表现形态的特殊规则。比方大家都知道两个名词的领属关系，可以用一个前置的虚词来表示，如法语的 *de*，可以用一个后置的成分来表示，如英语的 *-s*。但是这个虚词用 *de* 的形式还是用 *-s* 的形式，这件事却是有特殊性的；因为这种关系用任何音素来表示都是可以的，只要传统没有决定用别种音素来表示它。所以我们可以说：用放在补语前面的 *de* 来表示这种关系，是一种法国土语的特性；用放在补语后面的 *-s* 来表示这种关系，却是一种英国土语的特性。应当补充说 *de* 的用法尽管可以在一种法国土语中失去，*-s* 的用法也尽管可以在一种英国土语中失去，这两种土语却并不会因此而不再是法语或英语。只有那些正面的事实才有证明的价值。

这一类的特殊事实常常是很稳固的。发音尽管起变化，词汇尽管改变，而这些特性却是不变的。比方在现在法国北部的那些土语中，本地的词的形式起了变化来适合法语的形式，词汇有了革新，人们一般有依照共同法语的习惯来说话的趋势。最后留存的就只有一些形态学上的地方特点；比方阳性与阴性的分别，共同法语说 *il dit*（他说），*elle dit*（她说），他们却说 *i dit*、*a dit*。这一类的特殊事实，是从小就学到的，不知不觉地成了习惯，其他一切尽管起变化，这些特殊事实却可以不变。

因此，一种形态繁杂的语言，包含着很多的特殊事实，它的亲属关系自然比较容易得到证明；反过来，一种形态简单的语言，只有一些一般的规则，如词的次序，要找出有力的证据就很不容易了。我们差不多用不着去证明一种语言是印欧系的，只要碰到一种大家还不认识的印欧系语言，如最近发现的吐火罗语（le tokharien）或喜低特语（le hittite），我们略加考释就可以看出它的印欧语的特性。反过来，远东的那些语言，如汉语和越南语，就差不多没有一点形态上的特点，所以语言学家想从形态的特点上找出一些与汉语或越南语的各种土语有亲属关系的语言，就无所凭借，而想根据汉语、藏语等后代语言构拟出一种“共同语”，是要遇到一些几乎无法克服的阻力的。

两种语言之间相符的事实愈特殊，这个相符之点的证明力量就愈大。所以例外的形式是最适于用来确定一种“共同语”的形式的。

法语的 *il est*（他是），*ils sont*（他们是），*je fus*（我曾经是）与拉丁语的 *est*，*sunt*，*fuī* 相符，这件事实很自然地证明了法语是由拉丁语变来的一种新形式。又如法语 *je veux*（我要），*nous voulons*（我们要），*je voulus*（我曾经要）与拉丁语 *uolō*，*uolumus*，*uoluī* 相符，法语 *je dis*（我说），*nous disons*（我们说），*dit*（说）与拉丁语 *dīcō*，*dīcimus*，*dictus* 相符，更把这个证明肯定了。所以“不规则”动词可以大量用来做论证的根据。

形容词可以确定这个论证。形容词本来有阳性与阴性的分别，但是在与实际性别无关的场合，阴阳性的用法都是任意规定的。这种没有意义的区别在法语和拉丁语里都可以找到，如法语有 *veston neuf*（“新短褂”，名词和形容词都是阳性）和 *veste neuve*（“新短褂”，名词和形容词都是阴性），拉丁语“新”也有 *nouus* 和 *noua* 的分别。法语甚至有些形式，如冠词 *la* 和领属形容词 *ma*（我的），*ta*（你的），*sa*（他的）等，用 *a* 来表示阴性，和拉丁语一样。

一种语言里这种没有意义的语法范畴和例外的形式愈多，语言学家证明语言亲属关系和构拟原始共同语的工作也就愈容易。

原始共同时期并不是经常凭一种单纯的保存作用来认识的，这种关系常常是用一些分化的创新来说明的。比方印欧语从前有过一套极繁复的动词变化，现在无论在哪种语言里都已经渐趋消失了：我们是从那些在各个语言中并不相同的创新认识到古代有过这套变化。譬如古代曾有一个现在时，形式是 **eiti*（他去），**y-enti* 或 **iy-enti*，**y-onti* 或 **iy-onti*（他们去）；梵语里还把它保存着，形式是 *éti*，*yánti*；古雅典希腊语把它改变了一些，成为 *eisi*，*iāsi*；拉丁语再把它改变一些，成为 *it*，*eunt*；古立陶宛语有那单数的 *eiti*。但是这些形式太特殊了：现代立陶宛语用一个有规则的新形式 *eina* 代替 *eiti*；斯拉夫语在公元 9 世纪以后的古代翻译家的用语里有 *idetŭ*（他去）和 *idǫtŭ*（他们去）。立陶宛语的新形式 *einu*（我去）和斯拉夫语的 *idǫ* 分别反映出那已经消失了的古代形式。

在上面所举的例子中，有些语言还保存古代的形式，另一些语言里的创新也很容易解释。但是有时候，古代的形式可能在任何语言里都没有保存下来，我们之所以假定有过一个特殊的形式，以后消失了，只是因为我们所比较的那些形式没有细节上的相符。在古印欧语里，应该有一个现在时 **meləti* 和 **moləti*（他磨）与一个第三身复数的 **m°lenti* 和 **m°lonti*。这个难以掌握的变化在任何语言里都已经消失了。我们认出它曾在古代存在过，是根据斯拉夫语的 *meljetŭ*，立陶宛语的 *malu* 和歌特语的 *malіþ*，爱尔兰语的 *melid*，和邻近的各种不列敦语（les langues brittoniques）的一个具有不同元音的形式 *mal-* 等等。我们在这里所拟定的这些印欧语形式，现在在任何一种语言里都没有保存下来；但是我们根据有关印欧语系统的知识，根据所观察到的各种历史上已知的语言之间的分歧，可以把它们构拟出来。

观察特殊事实并不能代替考察形态的全部。无论哪种形态都自成一个完整的系统。所以应当根据全部相符之点，尽可能把那“共同语”的系统构拟出来。并且构拟出来之后，还要说明那些由原始语变化出来的各种语言的形态系统（常常是完全不同的，由上面所说的可以看到），是怎样和这个系统相对应的。特点是论证中的决定性的凭借。但是证明的工作，要等到我们把形态系统和形态系统相对照，看出原始系统怎样才可能变成各个后代系统时，才算确定完成了。

由此常常可以看到，古代系统的一般性质是保持得很久的。比方在共同印欧语里，每个词本身都带着它在句中的功用的符号，名词和动词有很明显的区别；而在现代各个印欧系的语言里，这名词和动词的区别都还依然是很明显的。

在语音方面，我们也要把一个古代的系统和新的系统互相对照；这些系统间的差别可以是非常之大的。

但是系统之间的差别并不是乱来的。要认识两种同源的语言之间的有规则的对应，虽然常常是不可能的，然而共同语和从它演变出来的语言之间的对应却有一定的规则。我们可以把它们列成许多确定的公式。这就是所谓“语音规律”。

日耳曼语的 *f*，*þ*，*x*（以后变为 *h*），以及在某些条件之下的 *ƀ*，*đ*，γ 和印欧语的 *p*，*t*，*k* 相对应；日耳曼语的 *p*，*t*，*k* 和印欧语的 *b*，*d*，*g* 相对应；日耳曼语的 *b*，*d*，*g*（在二元音之间则为 *ƀ*，*đ*，γ）和印欧语的 *bh*，*dh*，*gh* 相对应。日耳曼语的这套有规则的对应系统，就是所谓“辅音转化”，或格林姆（Grimm）规律（在格林姆之前不久，大部分已经为拉斯克［Rask］所发现，不过到了格林姆才把它定为规律）。这种原始“共同语”和各个后代语言之间语音对应的规律性，表现出发音的变化并不是孤立地影响某一个词或某一形式，而是影响到整个语音系统的。

根据方法上的原则，可见对应的规则可以在原始语和它的每一种后代语之间拟定，而不能在各种出于同一共同语的后代语之间拟定。我们可以拟定印欧语的首音 *p* 在希腊语和梵语为 *p*，在歌特语为 *f*，如希腊语的 *patḗr*，梵语的 *pitā́* 和歌特语的 *fadar*（父亲）；印欧语的首音 k^w 后面跟着一个 *o* 的时候在希腊语为 *p*，在梵语为 *k*，在歌特语为 *hw*，

如希腊语的 *póteros*，梵语的 *kataráḥ*，歌特语的 *hwaþar*（二者之一）。实际上观察到的这两个对应：

希腊语 *p* =梵语 *p* =歌特语 *f*

希腊语 *p* =梵语 *k* =歌特语 *hw*

只有在和那个为了解释它们而拟定的印欧语的形式对照之下，才可以理解。

我们比较同族语言时所注意的并不是形式上的相似，而是对应的规律。上文第 6 页已经说过，亚尔明尼亚语的数词“二”是 *erku*，和古印欧语的 **dwō*（或 **duwō*）对应。这个对应初看来好像很奇怪。但是亚尔明尼亚语的 *erk-* 和印欧语的 *dw-* 相对应是遵守一个一般的规则的。因为此外我们知道还有两个别的例子。印欧语曾有一个词根 **dwei-*（怕），在荷马的希腊语里是广泛地以一些动词形式如 **dedwoa*（写作 *deidō*），*dedwoike*（写作 *deidoike*，我怕）或一些名词形式如 **dweos*（写作 *deos*，怕）来表现的；亚尔明尼亚语与它对应的就有 *erkiwł*（怕），*erkeay*（我曾经怕）。印欧语曾有一个形容词 **dwāro-*（长），在希腊语里还显著地保存着，而亚尔明尼亚语也有一个形容词 *erkar*（长）。所以这个规律有三个明显的相近的例子作为基础。如果我们想到已知的以 **dw-*，**duw-* 为首音的印欧语的词数目非常少，就可以看出这三个符合的例子同时并存有证明的价值了。

这个对应还可以有解释。舌尖辅音后面跟一个 *w* 而造成的音组，在亚尔明尼亚语里变成了舌根音：*tw* 变为 *k'*-，如 *k'o*（你的），与希腊语的 *twe*（古雅典语变为 *se*）之类的形式相对应。这个清音 *k* 的来源是这样的：在亚尔明尼亚语中和在日耳曼语中一样，从前曾经有过一个由浊塞音变为清塞音的变化，如 *d* 变为 *t*，*g* 变为 *k*。前面的那个 *r*，就是这个音组中首音的古代浊辅音性质的一个痕迹（详情参看格拉蒙 [M. Grammont] 在《巴黎语言学会专刊》第 20 种，第 252 页的解释），随后这个 *r* 又引出一个首音 *e*，*erku*。可是如果那个词中间本来有一个 -*r*-，如 *kr-kin*（两倍），这个首音 *r* 就不能产生了（*kr-kin* 是由古代的 **kirkin* 或 **kurkin* 变来的）。所以在亚尔明尼亚语的 *erk*- 与 **dw*- 这个非常奇特的对应中，一切都是由亚尔明尼亚语的结构所造成的。任何对应，假如不能得到这样的解释，就是可疑的。

如果在几组语言中有一大串明显的相符之处，因而把这些语言归到同一个语系是没有问题的，那么，我们就可以利用一些奇特的对应，如亚尔明尼亚语的 *erk*- 与其他同组语言的 **dw*-，**duw*- 的对应，进而可以拟定亚尔明尼亚语的 *erk*(*i*)- 相当于拉丁语的 *bi*-，虽然初看起来好像这是非常奇怪的。当然，我们在开始着手确定语言的共同关系的时候，是不能采用像这样的对应的。我们一定要从一些容易解释的相符之处开始。

并不是有了有规则的对应就不能有特殊的变化。在句子中，每个词是处在不同的地位、不同的情况之中的。变化之所以有规律，常常是由于在各种句子中的地位不同而变的形式之间，确立了一种适中的形式。但是在有些情况之下，有些说得比较快或者说得不大留意的形式比别的形式更为通用，因而造成一些附属词的特殊变化，比方古高德语的 *hiu tagu*（此日）之减缩为 *hiutu*（现代德语 *heute*,“今天”），我们是不能把它归入任何一般范畴的。

这些不能列入一般公式的现象，在一种已经知道它的历史，并且对它已经掌握了一些确立的对应规律的语言里，是不会造成什么困难的。不消说，在一种理论还没有正确建立起来的语言里，这些易于使人走入歧途的事实是不能利用的，还是暂时把它撇开为妥。

至于词汇，那是语言中最不稳固的成分。有许多复杂的原因使词趋于消失，而代之以一些新的词。土著的词汇里面所加入的新词会和旧有的一样多或者更多：比方在英语的日耳曼语词汇中，就加入了和日耳曼语的成分一样多的拉丁语和法语的成分。有时甚至整个词汇所属的语系和形态所属的语系不同：亚尔明尼亚的齐干语（lc tsigane）的形态和语音完全是亚尔明尼亚语的，而词汇却完全是齐干语的。

有时候词虽然还保存着，它的意义却已经变得很厉害：形式虽古，实际上却是新词。比方印欧语表示印度欧罗巴“家长”的名词 **pəter-*，在法语里还保存着，就是 *père* 这个词。可是印欧语这个名词是指一种社会地位的，人们也可以把至高无上的神当作最大的家长而叫作 **pəter-*；而法语的这个名词却渐渐变成了“生育者”的意思，与拉丁语的 *genitor* 意义相同，差不多成了“公的”的意思：我们说到一只公兔时，就说这是一个 *père*。所以法语的 *père* 虽然从印欧语来，但是它的意义与印欧语的大不相同，实际上是一个新词了。

词汇虽然常常是不稳固的，但是在比较各种语言时，最先引人注意的却是那些词汇上的相符，常常甚至于只是处理词汇。其所以这样做，或者是由于对所考察的那些语言知道得太少，只有从词汇上来找证据；或者是由于所研究的语言语法非常简单，如在远东的各种语言；或者是由于存留下来的形态建立得太晚，是在所拟定的共同时期之后。因此我们要特别细心考察怎样才能证明词汇之间的相符。

上文已经说过，有效的语源上的符合绝不是根据一些语音形式间的相似而确定的，而是根据一些对应的规律；我们之所以能够拿亚尔明尼亚语的 *erku* 来和俄语的 *dva* 相比较，并不是因为这两者形式相似，在语音方面，它们是毫无共同之点的；而是因为那些对应的规则容许我们这样比较，印欧语的 *ō* 在斯拉夫语变成了 *a*，在亚尔明尼亚语变成了 *u*，印欧语的 *duw*，在俄语变成了 *dv-*，在亚尔明尼亚语变成了 *erk-*。

对应中的不规则的情形，假如不能用某个词的特殊情况来解释，那就或者是从别的语言借来的，或者是由于语源不合。比方古拉丁语的 *ca-*，在法语变成了 *cha-*，*che-*，*chè-*，例如 *campum* 变成了 *champ*（田），*carrum* 变成了 *char*（车），*caballum* 变成了 *cheval*（马），*carum* 变成了 *cher*（亲爱的），等等；至于有个 *camp*（营地）和 *campum* 相当，那是因为这个词并不属于法语的旧传统，实际上是从意大利语借来的，并且事实上还知道它是在什么时候、为什么“借来”的。可以与日耳曼语的 *b-* 相对应的是拉丁语的 *f-*，如拉丁语的 *flōs*，*flōris* 和德语的 *Blume*（花）；所以德语的 *Feuer* 和法语的 *feu*（火）毫无关系：想一想各个罗马族语言中那些与法语的 *feu* 相对应的词，如意大利语的 *fuoco*，西班牙语的 *fuego*，就可以知道 *feu* 与 *Feuer* 的相似是不相干的。所以我们进行比较时只能用一些精密的对应公式——并且要小心避开那些借用的成分。

很可惜，先验地断定什么是原有的，什么是借来的，是一件困难的事情。动词和形容词比起名词来通常是原有的为多：动词如现代法语的 *vivre*（生）和 *mourir*（死），

venir（来）和 *dormir*（睡）都还是印欧语的动词；形容词如 *vif*（活泼），*vieux*（老），*neuf*（新）等也是一样。可是一个强变化动词，如德语的 *schreiben*（写），却是从拉丁语的 *scrībere* 借来的。相反的，许多法语的名词，如 *pied*（脚），*chien*（狗），*veuve*（寡妇）等等，却都是印欧语的。——词保不定不是借来的，研究一种古代语言或近代语言的词源学家，如果把所要解释的词都先验地看成原有的，就会常常陷入错误。

如果所考察的是一些真正由“共同语”直接变来的词，那么就应当构拟出这种“共同语”的一个各方面都确定的词，而不要满足于比较一些词根上的细小成分。错误的危险性既然很大，所以我们必须用一些精密的证据来断定观察到的相符不是偶然的。

大家所同意的第一点（如果不是在原则上同意，至少是在事实上同意）就是：一个词源，只有确实符合语音对应规则，或者虽有歧异之点，也能用一些严格确定的特殊情况来解释，这样的一条词源研究才是有效的。

不消说，相对应的语音成分数目愈大，相符之点的偶然性的危险就愈小。

比方说，已知爱尔兰语的 *f* 与拉丁语的 *u-*（辅音）和梵语的首音 *v* 对应，那么，“寡妇”梵语叫作 *vidhávā*，斯拉夫语叫作 *vĭdova*，古普鲁士语叫作 *widdewū*，歌特语叫作

widuwo，爱尔兰语叫作 *fedb*，拉丁语叫作 *uidua*，就显然绝不是偶然的。在这几个词里，*w*，*i*，*dh*，*u* 等音的相符绝不是凑巧的。诚然，在梵语、斯拉夫语、普鲁士语的形式和日耳曼语、爱尔兰语以及拉丁语的形式之间，是有一种差别的：在第一类语言里，*dh* 和 *w* 之间有一个元音 *e*（或 *o*）；在第二类语言里却没有这个元音；但是这种差别并不会造成困难，因为这种差别是我们所熟知的印欧语“元音转变”（alternances vocaliques）所造成的。

但是假如所比较的不是这样四个确实对应的音素，而是只有三个，证明就没有这样有力了；如果只有两个，证明就变得很脆弱了；如果只有一个，证明就几乎等于零了。所以语言学家如果只研究一些词根上的细小成分，甚至常常只是为了比较词根的一些片断而分析词根，那么，他们所要寻求的证明老早就被破坏了。比较整个的词，可能的确要花相当长的时间。仅仅比较一两个词根上的辅音，如果没有一些很特殊的事实来做佐证，那是没有任何价值的。

意义方面的相符也应当与语音方面的相符（根据语音的对应规则）同样正确，同样精密。这并不是说，意义相符的程度应当比语音相符的程度大；而只是说，如果有意义上的分歧，就不应该只用一些含糊的、一般的“可能性”来解释，而必须用一些特殊的情况来解释。法语的 *ouaille* 是由拉丁语的 *ouicula*（羊）变来的，*ouaille* 这个词在现代法语里仅指礼拜堂里的教士的忠实信徒而言，这条语源绝不会因此变得可疑。我们知道，一所基督教礼拜堂的忠实信徒是常常被人比作这所礼拜堂的牧师所牧养的羊群的，由于这个原因，这个意义上的比较便得到说明了。此外，*ouaille* 这个词在法国某些土语里也还有作“羊羔”解的，这一点更可以证明这个词源的正确性。

在印欧语的词源方面，由于每个词都有一些不同的形式变化，所以从这一点可以做出一些决定性的证实。比方“羊”这个词（公的或母的：印欧语里没有特别表示动物性别的名词）：梵语叫作 *áviḥ*，希腊语叫作 *óis*（如荷马所用的），拉丁语叫作 *ouis*，立陶宛语叫作 *avis*；无论在意义方面还是在形式方面，所有这些语言之间的相符都是很完备的；我们能够像这样就形式和意义两方面构拟出一个很确定的词，词源就可以说是可靠的了。此外还有一点补充，就是梵语和希腊语这两种语言，已经证明是最古的，因而也最能够使我们对于印欧语的某些事实的细节得到正确概念；这两种语言都有一个特殊的形式变化：梵语的属格和因格 *ávyaḥ* 与那个由 **owyós* 变来的希腊语的 *oiós* 刚好相符。在其他各种语言中，词的变化都已经如我们所期望的那样常态化了。可是梵语和希腊语的词还照旧变化。这个精密的补充完全排斥了偶然性，从而使证明更加严格了。

我们要构拟一种原始“共同语”时，必须注意到我们对于某个词所拥有的证据有多少。两种语言之间的相符，如果不是全部的，就会保不定不是偶然的。但是如果相符之点扩充到三种、四种或五种很不相同的语言，偶然的可能性就大大减小了。虽然古波斯语的 *rādiy*（因为）和斯拉夫语的 *radi*（因为）在他种语言里找不出来，我们还是毫不迟疑地拿它们来比较，因为这两个词在形式上、意义上和用法的细节上都是完全一致的。除了这一类的例子以外，假如我们只在两种印欧系的语言里找到一组相符的词，而在别的语言里却找不到使它们失掉这个语词的特殊情况，这种相符就是可疑的了。

无论哪种语言，必定要全体的密切相符之点，确定了所比较的词之所以相似不可能是出于偶然的，才能说词源得到了证明。

我们浏览各种语源词典时，有时会相信每个词都应该各有一个词源；事实上却并不是这样的。我们的比较方法的规则是：只有那些很确定的正面事实，才能够证明一项比较是正确的；证明某种相符并非出于偶然，是词源学家的责任。这种证明可以随语言和情况的不同而用不同的方法去处理，每一种语言和每一个词的情况都是不同的。但是在任何情况之下，证明都必须是精密的、严格的。

可靠的词源也并不是很多，至少在有些语言中是这样的，这些语言我们要用比较方法才能认识它们的历史，而比较方法在这些语言的各时期的文籍里，又找不出一些精密的历史上的证据来作为根据。我们读一本比较语法的书的时候，首先令人惊异的是它只拿很少的比较作为依据。因为其中可以用来无保留地作基础的东西实在很少。

在一种像印欧语这样的语言中，每个词常常至少有两个或三个音节，而它的形式变化又很复杂，所以很便于作完备的词源上的证明（那些满足于表面现象的语言学家苦心孤诣地制造出来的幻想，我们大可以置之不理）。同样地，在塞姆语（sémitique）中，词根通常包含三个辅音，也可以使我们得到一些完备的词源。反过来，词很简短的那些语言，通常是单音节的，里面又没有什么特殊的形式变化，它们的结构就不容许我们作出严格的词源的证明。对于这些语言，如果想要得到一些真正的证明，就非另找一个新方法不可。

我们在这里所讨论的，只是那些凭借比较各种不同的语言而作出的词源，这些词源都是出于一种原始共同语的一个词的。要确定用什么方式才能够建立起所有的词的历史，那还需要一个长期的研究，把各种方法都加以研讨——但是那已经超出这次演讲的范围了。

比方有些词，我们可以在某种语言内部用这种语言所特有的构词法来加以解释。一个像希腊语的 (*w*)*érgon*（工作）这样的词，我们可以拿它来跟德语的 *werk* 比较，观察这个词的形式在印欧语里的正常性，从而确定它的词源。并且它的词根在亚尔明尼亚语和伊兰语里也都可以找到。但是要解释希腊语的 *órganon*（工具），就非得把那在希腊语里还造成了许多别的名词的一个通行的词尾加以研讨不可。

有许多词的历史只能用已知的事实来解释。比方拉丁语的 *organum*，只有知道拉丁语关于技术方面的词汇大部分都是采自希腊语或模仿希腊语的，才能够解释它。这个词在法语中变成了两个意思完全不同的词：*orgue*（风琴）和 *organe*（机关）；这就是特殊情况所造成的。这些特殊情况是大家所知道的，因为它是在有史时期以内发生的；但是任何比较方法都不能够发现这些情况。

事实上，词的来源大部分都不是比较方法所能为力的；我们要依靠各种证据来建立它的历史。假如没有证据，而我们又不能用一些正面的、精密的材料追寻出一个词所发生的变化，那么，试图为它定出一个真正的词源，常常是徒然的。

无论在形态方面、语音方面还是词汇方面，我们绝不能忽视一条原则，就是：所有的比较，只有合乎严格的规则，才是有效的。语言学家愈是粗心大意，他的比较愈是任意，他的证明也就愈不可靠。比方语言学家解释一个地方的专有名词，假如只用一种他以为和这地方的语言未变化以前所说的土语有亲属关系的土语来作比较，那就是非常危险的。但是如果确实知道从前所使用的那种语言，并且知道一些与它很接近的语言，那么，这一类的解释就有一些是靠得住的。有一个高卢罗马的地区叫作 *Brīua*（*Brive*），它一定是一个高卢语名词，因为那地方从前曾有过一座桥，而现在留存的克勒特语里还有 *brīwā*（桥）这个名词，而从前在 Brive 这个地方为拉丁语所代替了的高卢语也就是克勒特语之一种。但是假如我们用高加索语作比较来解释希腊的地名，而又没有一点事实可以解释这个专有名词何以在词源上会有这种读音，所比较的语言形式既不相同，又没有一点历史材料证明这地方从前使用过一种与高加索语有密切亲属关系的语言，那就是一件非常危险的事。一般来说，专有名词的词源是不确定的，因为在意义和读音这两种确定词源价值的材料中，只能采用读音一种材料。那些专好研究专有名词词源的语言学家，往往只是语言学里面的冒险家，能够完全适合于正当方法的需要的人，数目是很少的。

四　共同时期和有史时期之间的语言发展

比较方法在上文所指出的范围内，可以使我们“构拟”出一种“共同语”，同“系”的语言就是这种“共同语”在历史过程中所采取的各种形式。但是我们还要说明“共同语”时期（l’époque de communauté）和各种语言开始有文籍的时期之间的经过。这个问题很困难，常常是无法解决的。

不消说，我们应当借助于各种过渡的共同语时期，无论是可以准确地确定的，还是只可以了解一个轮廓的。这样我们就把“共同语”和在历史上所见到的那些语言之间的距离尽量缩小了。但是上文第17页及以下各页已经说过，这些共同语时期并不是都存在的；即使存在过，也不是都可以利用的，或者利用来说明一切事实的。就是在最好的情形下，“共同语”和各种所见到的语言之间的距离还是很大。我们用来填补这距离所加进去的那些说法，也许有一大部分是不正确的、任意的。

单单考察语言事实，是连作初步的年代考订都不够的。因为各种语言变化的速度差别很大。有些语言可以经过许多世纪而差不多没有什么变化：土耳其的各种土语，从12世纪就已经为人们所认识，以后一直保存着同样的主要特性，所以虽然隔了千把年，这些土语还是很相似。坡里内尼亚群岛（Polynésie）各种土语的历史，我们知道得很少，但是令人注意的是坡里内尼亚各岛的距离虽然很远，可是这些土语直到现在却还是差不多相同的。这一类的例子很不少：开化程度很低的民族的语言常常有很大的稳固性。

我们有时说半开化民族的语言更新得比较快，那至少有一部分是由词汇方面的使用习惯所造成的。半开化的人常常有一些禁用的词，比方一个人死后，他的名字里的词常常就不许用了。因此一个本来是知道某个语言的词汇的旅客，要是隔了几年再回来，就会发现那个语言的词汇在许多点上已经不同了。戴比采（Thalbitzer）先生最近说过一个关于爱斯基摩人（Eskimo）的这一类的例子。可是并不能因此就说那种语言的基础有了很大的改变。

相反的，另一方面，我们却发现有些语言系统变化得很快。在公元3世纪，甚至在5世纪，拉丁语无疑还保存许多古代的特性，尤其刚一看文籍时是这样的。到了9世纪，各种罗马族语言已经表现出它们的主要特性；甚至从

6 世纪起，美洛威（Mérovée）朝的作家所写的拉丁语就显出那些主要的变化已经实现，或者将要实现了。同样的，在由古亚尔明尼亚语变为近代亚尔明尼亚语的过程中，相当剧烈的变化也是在至早 5 世纪至迟 10 世纪之间实现的；从那个时候起，亚尔明尼亚语就再也没有这样剧烈的变化。在公元前 6 世纪，波斯语还有一个古老的面目，到了公元 1 世纪就已经有了近代的面貌了，从此以后就再也没有这样重要的变化。

所以时间只是这种重要变化的条件之一。古代用法保存得完全并不能证明一种语言离原始共同语时期还近，形式的广泛更新也不能说明一种语言离原始共同语时期已经很远。既然语言事实不能提供别的线索，我们对于各种创新所需要的时间也就往往一句话也不能说，甚至近似的话都不能说。

一种语言比"共同语"新到什么程度，是不能从年代来看的。在各种塞姆系语言中，有两种还保存着名词的变格：一种是公元前 20 世纪初期的阿加德语（l'akkadien），一种是公元 7 世纪的阿拉伯语。有些经证明比阿拉伯语早得多的语言，如希伯来语或阿拉美语（l'araméen），都已经没有这种名词变格了。

语言的变化有时候似乎很快，那是因为各种创新经过了一个很长的准备时期的缘故。变化的实现，在许多种语言里面，不过是一个长期的准备工作的结果罢了。

在由古印欧语过渡到各种印欧系近代语的过程中，有一个主要的事实，就是声调重音（accent de hauteur）和长短节奏（rythme quantitatif）的消失。在古代语中——现在各种吠陀梵语的和古典希腊语的文籍还可以给我们一个很清楚的观念——所谓“声调”（ton）就是把声音提高，这种声调不是用来表示词的节奏的最高点，它有一种表示意义的作用，和汉语或苏丹的各种土语的声调（即声音的升降）相同。节奏完全在于长短音节的交替。我们把各种语言加以比较,就可以看出这是共同印欧语的一种特性。随后，这个语音的特性，在无论哪种语言中，特别是在帝国时代的希腊语和拉丁语中，都已经消失了。节奏也不再建立在长短音节的交替上面；一部分长音节已经缩短，甚至所有的元音都已没有长短的对立了。古代的声调已变成了词的中心,节奏的最高点。这样一来,词的中心就与从前不同了，整个发音的性质就改变了。这个变化完成了之后，古代的高声调的音节就得到了一个特别重要的地位，而词里面的其他成分都变成比较次要的了。在罗马族语言中，大家都知道重读音节的变化与词中其他音节根本不同。拉丁语的 *caballum* 变为法语的 *cheval*（马）大约是在 9 世纪以后实现的。这个变化是法语所特有的；但是这只是长短节奏消失和古代声调性质变化的结果。拉丁语的这种变化虽然发生于罗马帝国时代，但是在某种程度上，实际上在有拉丁语的文字记载以前，即在公元前 3 世纪以前，就已经开始了。从拉丁语的 *caballum* 到法语的 *cheval* 的变化来得相当快，这是看得到的。但是这个变化经过了好几世纪的准备，几乎是看不出来的。

在印欧语的领域里，差不多无论哪种语言，在有史时期以前，或我们可能看到它们的发展的时期以前，都曾经有过这种准备的时期。希腊语和拉丁语的历史可以使我们知道当时的经过；但是我们却不能就此来判断一切，因为比方在印度–伊兰语的领域里，节奏的发展就似乎有些不同。但是大体上无论哪种语言都曾经有过一些这一类的准备。

在印欧系的各种语言中，我们通常所看到的情形，只是那些准备了很久的突然变动的结果。经过这些变动之后，语言换了一副新的面目，与古印欧语的类型不同了。

名词的变格，在整个印欧语领域里，有逐渐消失的趋势。这是由于名词的词尾逐渐缩短而引起的，结果那些位于词尾的格的形式上的特点就逐渐没有以前那么明显了。主要的是这种变格已经逐渐被别的表现方法所代替。在有史时期以前，这些格的形式就已经不足以表示地方的关系了：拉丁语在 *eo in urbem*（我在城里），*habito in urbe*（我住在城里），*uenio ex urbe*（我从城里来）等句中，不得不都用前置词，这并不是孤立的事情；从有史时期的初期起，大部分印欧系的语言也都有过同样的事实；依格的全部价值只有在一些或多或少地孤立的残迹里还保存着。一达到这种境地，格的变化便成了一种无用的累赘，所以有些语言或者把它加以限制，或者把它完全省略掉，这并不是什么稀奇的事情。

使我们不容易、常常竟不可能追寻出语言在共同语时期和有史时期之间的发展的，不仅是变化所需要的时间难以估计，也不仅是变化准备时期的那种不可捉摸或者几乎不可捉摸的性质。

此外还有许多别的棘手的原因。

语言从共同语分化出来以后的各种变化，大部分都受共同语的情况和分化的方式的支配。因此，出于一种“共同语”的各种语言，甚至在分离和开始分化之后，还可以有许多同样的或相似的变化。这个事实常常为大家所误解。各种比较语法的论文，常常把那些同出于一种“共同语”的不同语言里一切相符的事实，都说成似乎可以追溯到统一时期。毫无疑问，那些作者心里是并不相信的，他们自然不愿加以肯定，有时甚至表示对于这一点还有所保留。但是他们却说得头头是道，好像已经承认了这个假设似的。这种情形在勃鲁格曼（Brugmann）的那本值得注意的《纲要》

（*Grundriss*）里特别显著。这是完全与实际不相符合的。

可以举斯拉夫族语言的那个第一身单数动词的特点 *-m* 为例。这个特点在大部分现代斯拉夫族语言的一大部分动词变化中，甚至在塞尔维亚–克罗西语（serbo-croate）的一切正规的现在时里，都可以找到。但是在共同斯拉夫语里，这不过只是四五个不规则动词所特有的罢了。这个创新只是在中世纪，在有史时期发生的，尤其是在捷克语和塞尔维亚–克罗西语里发生的。在这个时期，各种斯拉夫系语言已经分离很久了，所以每一种语言都是独立实现这个创新的，并且范围也各不相同。

在别的语言中第一人称单数也有过这样的事实：亚尔明尼亚语也曾把一个含有 *-m* 这个特点的形式普遍化了。在这里，我们看到的只是过程的结束，亚尔明尼亚语达到这个地步所经过的事实的详情，我们是一点也不知道的。——在印度和伊兰，也曾有过这样的创新，而它是怎样产生的，我们也差不多一点都不知道。幸亏我们现在还有一小套伊兰语的古代文籍，即阿维斯打（Avesta）的《颂》（*gāthā*）。在这些文籍里，那词尾 *-mi* 还没有普遍化。由此可见表示“我带着”这个意思的，虽然梵语里有 *bhárāmi* 这个形式，后期的阿维斯打语里也有 *barāmi* 这个形式，而 *-mi* 这个词尾却是在印度–伊兰（即阿利安，aryenne）共同语时期之后才加上的；因为阿维斯打的《颂》里还保存着 *barā* 这个形式。

许多在历史上见到的形式之间的相符，都是从一些已经分离了并且分化了的语言之间的平行发展而来的，这绝不是我们乍一看来所能想象得到的。

相似的创新既然可以像这样平行而又独立地产生，某些古代的特点当然更有充分的理由平行地失去。希腊语在古典时代还保存着那个有名的规则 *ta zōa trekhei*（单数动词与复数中性主词相配），在阿维斯打的《颂》里，如果加以仔细观察，也可以找到这样的规则。由此我们可以知道印欧语里的所谓“中性复数体–业格”（nominatif-accusatif pluriel neutre）的形式实际上是一个古代的集合数（collectif）。但是一种如吠陀梵语这样古老的语言，已经差不多完全没有这种形式了。拉丁语曾把复数动词和中性复数主词相配的用法普遍化了，斯拉夫语、克勒特语和日耳曼语也是一样。就在希腊语里，那个特点也已经慢慢地失去。所以在语言里，假如没有一些很古老的形式——这是很平常的——过渡时期的事件就有一大部分是无法认识的。

但是在语言里并不是只有老的用法的消失和一些注定可以持久的新的用法的产生。语言的发展是复杂的，我们不要妄想解释过渡时期内所产生的一切，或者把这些时期内所发生的繁复的事件都构拟出来。

我们依靠文籍，可以追溯希腊语从公元前 7 世纪到现代的历史；这个例子可以使我们对这种语言在达到近代状态以前，所经历过的一连串的创造和消失都作出判断。比方在有史时期以前，希腊语的每个动词都有一个将来时，以后到了拜占庭时期，这将来时就消失了，而为一些全新的东西所代替。

希腊语曾经继承了一个古代的完成体，在有史时期以前和有史时期中，它把这完成体的用法扩大了，把形式增多了，并且造出了许多办法，使得差不多每个动词都可以有一个完成体。到了古雅典语时代，完成体已经成了动词通用的一种主要形式。以后这用法又失掉了，所以近代希腊语不再有任何人称的完成体。

所以如果我们像认识斯拉夫语一样，只是从公元 9 世纪起才认识希腊语，语言学家一定猜想不到希腊语在达到双词干动词的现状以前，它的将来时和完成体曾经过一个丰富的发展时期，有过许多繁复的创新，许多一再改造过的形式：这一切发展都不是那些只看到最后结果的语言学家所能想象的。

我们对于大部分印欧系的语言，都只是在公元初期之后才认识的，这个时候，复杂的发展过程已经结束（这种复杂的发展过程的真实证据还可以在希腊语里看出来），所以语言学家就不能知道这些语言经过的实际情况。

因此，我们就没有把握说，可以解释所有那些在共同语时期和有史时期之间所构成的新形式。语言学对于拉丁语的那个以 *-uī* 为词尾的完成体的来源，希腊语的那个以 *-thēn* 为词尾的被动完成体的来源，歌特语的那个以 *-da*(*-ta*) 为词尾的过去时的来源，只能作出些不确定的和脆弱的假设，这是毫不足为奇的。这些形式都是长期酝酿工作的结果。酝酿时期中语言的情况是没有办法构拟出来的，因为我们没有材料来确定这些创新赖以实现的详细条件。要想不顾一切来解释这些情况，以为可以在这里找到一些严格的证明，那就是忽视了比较方法的范围。

在共同语时期和各个历史上有证据的时期之间，有些发展是不能完全构拟出来的，而且过渡时期愈长，尤其是创新愈多，也就必然地愈不容易为人所认识。

五　方言

直到现在，我们讨论原始共同语和各种历史上有证据的语言，都好像把它们当作一些统一体似的。其实不然。语言学中不断地有“方言”这个概念穿插进来，就可以证明。

我们在这里必须抛开那种把“方言”和确立的书面语言对立起来的庸俗观念。

“dialecte”（方言）这个名称是从希腊来的，并且是为了说明希腊的情况而造出来的。古代希腊语并不像拉丁语那样是一个统一体。它的写法是随时随地不同的。在一类土语里，“岛”叫作 *nāsos*，在另一类土语里，却叫作 *nēsos*；在一类土语里，“脚”的复数为格是 *possi*，*posi*，在另一类土语里却是 *podessi*；在一类土语里，“我要”叫作 *boulomai*，在另一类土语里却叫作 *bellomai*，而另外一类土语里又叫作 *dēlomai*；在一类土语里“有”叫作

ktēsis，在另一类土语里却叫作 *p(p)āsis*。但是这些差异并没有使那些使用不同土语的希腊人觉得他们所说的是不同的语言。其中有些差异，如 *nēsos* 和 *nāsos* 的对立，可以归结为一大串的语音对应；有些差异，如 *podessi* 和 *possi*，*posi* 的对立，则出于有规则的语法上的差异；有些差异却只是简单的词汇现象，如 *ktēsis* 和 *p(p)āsis* 的对立。这些差异并不妨碍希腊人感觉到他们全体中只有一种同一的语言。所以“方言”的主要特性就在于同中有异，异中有同。

甚至“方言”也不是统一的。希腊人分出三种大方言：伊奥尼亚（ionien）方言、埃奥利亚（éolien）方言和多利亚（dorien）方言。近代语言学家还加上了一个第四种，阿该亚（l’achéen）方言或阿尔加德–塞普鲁斯（arcado-cypriote）方言。但是任何古代文籍都不是用一种方言写成的，存在的只是每种方言的一些不同的小方言。比方并没有一种一致的多利亚话，只有科林脱（le corinthien，包括斯拉古斯方言 syracusain）方言、阿尔各斯（le argien）方言、拉科尼亚（laconien）方言、克里特（le crétois）方言、罗得斯（le rhodien）方言等等。并且在这些小方言之中还有许多差别，并没有一种一致的克里特话，克里特岛各地的人所说的话就有许多相当大的差别。·种“方言”就是许多不同的土语的综合；这些土语有许多共同的特点，它们之间的相似点比它们和同一种语言里任何别的土语之间的相似点多。

第三，方言并不一定把一种语言里所有的土语都包括在内。比方在希腊语中，大家最熟识的古雅典方言和伊奥尼亚方言有许多共同的特点，但是它并不属于伊奥尼亚方言，更不属于任何其他方言。埃里德（Elide）、路克里德（Locride）、佛西德（Phocide）等地的土语有许多方面和多利亚方言相近；但它们并不就是多利亚方言。所以一种语言的各个土语并不是都能归入一些确定的方言里面。

所以方言这个概念是游移不定的。其所以如此，首先是因为方言是由各种不同的历史条件所造成的。

希腊方言的产生，是由于在古希腊的领土上，曾经有各种外族先后入侵。我们所观察到的最古的一次也许就是那些阿该亚人（Achéens）的入侵。这次入侵在历史上没有记载；但是由最近发现的那些喜低特人的（hittites）文献看来，约略可以知道大约发生在公元前 8 世纪的时候，荷马的诗篇里曾经以传说的形式留下了对这件事的记忆。到了有史时期，这些人就在伯罗奔尼撒（Péloponnèse）遗留下了各种阿尔加德方言，在小亚细亚南部遗下了彭斐利（pamphylien）方言，以及那直到现在标志着希腊人拓展的极端的塞普鲁斯方言。伊奥尼亚人的入侵无疑也是差不多在这个时期；他们在希腊本部没有留下什么，但是在优比亚（Eubbe）、爱琴海各岛屿、地中海沿岸、黑海沿岸以至高卢（Gaule）沿海各处，都曾有过伊奥尼亚的移民。这些大规模入侵中最晚的一次是多利亚人的入侵，这件事在希腊的有史初期还在继续进展；他们占领了许多早已被使用他种希腊方言的人完全占据的地带，特别是伯罗奔尼撒的大部分和克里特等地。

我们在高卢罗马境内所遇见的方言的来源却与此完全不同。它们都是从一种显然是统一的语言变化来的。这种语言自从罗马人征服高卢后就为全高卢人所采用。由这种变化产生出来的方言，在博罗温斯（Provence）、加斯贡（Gascogne）、诺曼底（Normandie）、法兰西岛（Ile-de-France，巴黎附近地方）各有不同的面目。产生这种差异的原因，以及这些区域里何以会有这些虽然相异但是却很相似的方言，我们是不大知道的。因为这些语言区域的分界常常与古代的行政区域相符合，所以有时大家假定一国语言上的划分是由政治上的划分造成的。但是一国政治上如此划分，是由人们之间确立的关系造成的；罗马人的行政区域的划分曾因基督教会而得以大体维持，因为这些区域的划分实际上符合了自然的要求。语言间的相似，无疑地也可以用这些关系来说明。不过这只是符合，而不是原因。

我们还应当注意另一种事实。在近代世界里，许久以来就已有了一些文化中心，其势力一直达到整个区域。在法国，各省的中心都是次要的，巴黎的势力早已支配了全国。相反的，在意大利，却有几个强有力的外省中心。威尼斯在经济上和政治上的重要性，对于威尼斯方言的形成是有很大关系的。

方言的存在，对于比较语法学家是有一些重大意义的；不过这些意义因方言形成的方式而不同。

有时候共同语和一种语言一样，是统一的。比方就罗马族语来说，“共同罗马语”就是这样，因为它是罗马一个城里通用的语言，我们至多只要依着格勒柏（Gröber）的假设，注意到拉丁语传入各个地区的年代就行；萨地尼亚语还保存着短 *i* 和长 *ē*、短 *u* 和长 *ō* 的区别，因为当萨地尼亚（Sardaigne）被征服时，罗马城里还分别 *ĭ* 和 *ē*，*ŭ* 和 *ō*；而高卢罗马语（和大部分的罗马系语言一样）对于 *ĭ* 和 *ē*，*ŭ* 和 *ō* 却都只是用一个音来代表，因为当这些地区被征服和拉丁语在那里确立的时候，*ĭ* 和 *ē*，*ŭ* 和 *ō* 混合的趋势已经存在了。但是总起来说，罗马族语言的来源是一种统一的语言。

共同印欧语却不然。我们在印欧系语言间所观察到的那些差别中，有一些同时也可以在一些相邻近的语言里找出来。这就使我们可以假定：这些差别的出发点，是在印欧语里就已经存在的一些差别里。

比方“十”这个数词，一方面，在希腊语中为 *déka*，在拉丁语中为 *decem*，另一方面，在梵语中为 *dáça*，在亚尔明尼亚语中为 *tasn*。日耳曼族语言和克勒特族语言的形式以中间包含一个 *k* 音的形式为根据；伊兰族语言、斯拉夫族语言和波罗的（baltique）族语言的形式却以那些内部包含一种摩擦音的形式为根据。就这一点看来，印欧语有两组方言。这些方言的不定疑问词，在希腊语、拉丁语、克勒特语、日耳曼语这一组的是 *qu* 或 *qu* 的各种代表音，如拉丁语的 *quis*；在印度–伊兰语、斯拉夫语和波罗的语、亚尔明尼亚语这一组的却是 *k* 或 *k* 的代表音，如梵语的 *káḥ*（谁），立陶宛语的 *kas* 等。这一点可以使我们假定在印欧语里就已经有了两个方言组：一组以希腊语、意大利–克勒特语和日耳曼语为代表，另一组以斯拉夫语、波罗的语、亚尔明尼亚语和印度–伊兰语为代表。由舌根辅音的观点看来，这样分是很正确的。所以大家常常说印欧语里有 *satem*（根据伊兰语的“百”）和 *centum*（根据拉丁语“百”）两组。

但是假如我们考察另一些事实，又可以有一些不同的分法。比方 *o* 和 *a* 的分别，在亚尔明尼亚语、希腊语、意大利–克勒特语里还保存着；但是在日耳曼语、波罗的语和斯拉夫语、印度–伊兰语里却已经消失。这一次，日耳曼语是与斯拉夫语等一致行动，而亚尔明尼亚语却与希腊语等一致行动。

所以我们不能假定在印欧语内部有一些确定的方言，而只能假定有某些语音上、形态上或词汇上的差别。并且这些差别都各有一定的界限。所以共同印欧语的领域里有许多界线，把那些在几个观点上采用各种不同形式的区域划分开来。这些界线,即所谓同语线（lignes d'isoglosses），彼此之间只有一部分是相符合的。

这一种情况跟我们在许多地方所看到的相一致。比方在高卢罗马语或立陶宛语的领域里，就有许多同语线，把几种语言特点划分开来，而这些同语线却并不相符。

可以实际观察的事实和给印欧语构拟出来的事实属于相同的类型，可见用比较方法给印欧语构拟出的形象是多么逼真。我们所研究的并不是一个简单的轮廓，而是一个和现实本身同样变化多端的对象。

那些因地域而不同的变化，有许多是在共同语时期以后,由于各种插入的创新而产生的。这里有一个典型的例子。克勒特语继承了一个古代的 q^w 与拉丁语 *quis* 一词里所保存的同一类型。另一方面，在一切保存着这个音素的同组语言中，都有一种趋势，就是 k^w 变 *p*，g^w 变 *b*。g^w 变 *b* 的过程完成得很容易，因为克勒特语里本来有一个 *b*，吸引着古代的 g^w。但是由于一个奇异的特点，克勒特语早就已失去了印欧语的 *p*；这么一来，要变为 *p*，q^w 就必须产生出一个在这种语言中早已不再存在的 *p* 音来。这种情况在爱尔兰语组里就阻碍了 q^w 变为 *p*，所以 **eqwos*（马）这个词在爱尔兰语中就变成了 **eq*(*os*)，再变为 *ech*。相反的，在高卢语和不列敦语中，q^w 变为 *p* 的趋势最强，于是 q^w 就变成了 *p*，如 **eqwos* 一词在高卢语中变成了 *epos*（在不列敦语里也有同样的形式）。方言的区分是由一些偶然发生在共同克勒特语时期之后的事件产生出来的。一旦产生之后，以后的差别就要受它支配；因为从此以后，那些词有了一些很深的差别，而它们的历史也就必然不相同了。

由此可见，方言这个概念，无论从哪一方面看来都是相当含混的。所以比较语言学家不能固守这个概念，而须另找一个界限比较明确的观察点。

六　语言地理

我们既然想要在一种“共同语”和各种有证据的后代语之间，拟出一些关于语音事实和形态事实的精密的有规则的对应，那么，就要找出一些可以严格应用这些规则的单纯的语言类型。各种大语言所包含的成分太不一致了。方言连在定义上都没有统一性。于是有人想到,民间的土语，假如就一个小区域加以观察，或者可以提供出这种为语言学家所需要的基本的统一性。因此就有了各种地方土语的研究。

关于各种很不相同的方言，曾有人作了许多单刊，有些简略而肤浅，有些却很详尽而深入。这些精确的方言单刊给那些想要透彻认识一种语言类型的人提供了许多重要的材料。它们对于普通语言学有很大的启发作用。但是对于想要建立一组语言的历史的比较语言学家说来，地方土语的单刊却是不够的，并且是很难利用的。在一个如高卢罗马语这样不大不小的领域里，可以描述土语的地方就足有三万个以上。这种工作显然不是一般语言学家的精力和财力所能做得到的。就算做到了，语言学家也会因为材料太多而不知道怎样去使用。并且里面还会有无限的重复：虽然每个地方都各有它自己的特点，但是在一些广大的领域里，总不免有许多相同的事实和同类的事实。

此外还有一个困难：不同的调查人所搜集的材料是不能拿来作正确的比较的。如果调查工作不是有组织的，不是依照同一原则去研究整个地区的，而是每种单刊各有一种不同的方式，那么，这一个地区的事实就不能拿来跟另一个地区的比较。即使在很好的情形之下（这种情形是很少见的），调查是有组织的，方言单刊都是依照统一的模型做出来的，调查人也未必都能够完全用同样的方法去调查记录。况且有些地区容易找到调查人，有些地区却很难找到，这又是一件不可避免的事情。调查点的密度不一致，也会使所得的材料不宜于拿来作比较。

最后，各地的土语也并不像我们设想的那么统一。同一个乡村的居民，哪怕是极小的乡村，说话的方式常常随着年龄、社会环境、职业等而不同。并且并不是所有的居民都是土著；并不是每一个人都同样忠实地依照当地的习惯去说话。一种地方土语的单刊假如要把这些个人的差异都记录进去，就会弄得非常复杂，不容易用来作比较。假如不理这些差异，则又不能使人对于那种土语的情况得到一个正确的观念；如果任意把事实加以简单化，那就不是描写，而是摘要了。

如果我们用比较方法去研究一组近代的土语，调查就应该是有组织的，使所得的材料可以直接拿来比较。首先，所研究的整个区域的调查点必须分配得大致均匀。最理想的是把所有的地区都加以调查。但是在一个平常的区域里，相似的土语分布的面积相当广，而每个区域的土语和它的邻区又没有什么主要的差别，我们随便挑选几个地方来调查，作出一个可以包括整个区域和包括各种类型的标本的调查网，也就够了。调查网越密，遗漏重要特点的危险就越少，对于每一个事实也就可以更加有把握地画出一些准确的界线来。但是对比较语言学家说来，主要的还是要得到一些可以用来对整个领域作全面考察的材料。

其次，所得的材料必须能够拿来作比较。因此，所搜集的资料应该涉及同类的事实，如相同的词（以便知道共同语的一个词在整个区域里的各种读法）、同义的词、同样的或者作用相同的语法格式等等。

为了适应这个双重的需要，应当准备一个调查表，这是要拿到所有的调查点去填写的。调查的人就把表里头拟的句子在每个调查点的说法记录下来。用调查表调查的办法有一些重大的不便之处：比方调查表提问题使用的语言——原则上是那一个国家的普通话——会影响到当地的发音人，妨碍他说出纯粹的本地话。因为每一个地方只要一个答案，我们就不得不只问一个发音人；但当地的土语既然不是统一的，这个发音人就多少有些不适宜于代表全区的土语。这种办法是很粗略的，然而却是唯一可行的办法。

调查可以用两种方法进行：一种是把调查表交给当地一个最合格的人，让他照着里面所载的项目把当地土语的说法一一填录进去，比方德国就是这样进行的；第二种是派遣一个调查者到所要考察的每个地点去，一处问一个发音人，把答案亲自记录下来，如高卢罗马的土语地图就是这样制成的。埃德蒙（Edmont）先生手里拿着席业隆（Gilliéron）先生准备好的调查表，独自走遍了所要考察的各个地点，在每个地方选出一个发音人，把他对调查表里的句子的说法都记录下来。这第二种办法的好处，是我们可以得到一些证据，拿来进行严格的比较，并且可以不必顾虑那些由于调查人的个性不同而得来的不一致的材料。这个好处是很大的，所以以后所作的调查都采用了这个办法。比方雅伯尔格（Jaberg）先生和猷德（Jud）先生所组织的瑞士罗马方言（与法兰西的方言不同的）和北部意大利方言的地图，就是由一个调查者硕耶迈尔（Scheuermeier）先生完成全部调查工作的。

用这种简略的办法所得到的结果，乍一看来好像是很可疑的。可是这些在一些相距不远的地点所作的调查是互相制约着的，只要比较一下就可以知道确是如此。并且用这种调查办法并不排斥方言单刊。我们把那些调查的结果拿来和各种现成的方言单刊或者和一些新的研究比较一下，就可以看出调查者所收集的调查材料的价值。比方席业隆先生那本用埃德蒙先生所收集的调查材料所制成的关于高卢罗马方言的地图，就得到很多的证实：在有几个区域里，已经有人对一个小地区的各种方言作过一些详细的调查，如米雅德（Millardet）先生之于朗德地区（Landes），勃吕诺（Bruneau）先生之于亚尔典地区（Ardennes），伯洛克（Oscar Bloch）先生之于佛日地区（les Vosges）；这些详细的调查大体上都证实了埃德蒙先生的那些调查本质上是准确的。我们虽然也可以找出一些细节上的错误，可是这些细微的错误都不能从根本上使那个调查无效。

所得的结果是重大的，所以以后还作了许多这一类的调查。在法国，已经有了一本科斯（Corse）的地图，现在又要出一本关于法国西北部阿摩礼克地区（Armorique，Bretagne 的古名）的不列敦方言的地图。加泰隆语（catalan）的地图正在刊印中。雅伯尔格、猷德和硕耶迈尔诸先生的那一本上文已经说过。有一位法国青年德斯尼业（Tesnière）先生最近发表了一篇关于斯洛文语（slovène）

双数形式的详细研究，也是根据地理调查的。调查的结果可以表示在地图上面，每张地图只表示一件事实：单是这一项已经使我们的工作容易了许多。大家知道：统计学的长处就在于能用图表来说明事实，使人一目了然。语言学家能够在一张地图上，或者在两三张可以拿来对比的地图上看到与一个问题有关的事实，解决这个问题的那些要领就一下都出现在眼前了。

现在，高卢罗马语的研究已经因席业隆和埃德蒙两位先生的地图而面目一新。由这地图的出版而引起的研究不断增加；其他以考察在整个地区所搜集的材料为主的研究也不断出现。

这是因为比较方法在这些调查中找到了一个工具，比它以前所有的一切都更优越，并且恰巧适合于它的需要。我们第一次有了一整套可以拿来直接作比较的材料，分布在所研究的整个区域上，并且摆得清清楚楚的。任何做过比较语法工作的人都知道，所比较的材料不整齐，要从这些材料里得出要点，如何令人苦恼：研究印欧语的比较语言学家所用的材料前后相距约三千年，有些时期材料太多，有些时期却一点也没有，有些区域可以找到材料，有些区域却完全没有一点线索。在比较之前，应当把所有的材料详细检查一下。在印欧语系的比较语法中，多数的比较都是在某一方面站不稳的。现在，用地理方法得到的结果是很惊人的。“方言”的问题得到解决了。从前大家常常不知道怎样去划定方言的界线。一方面，方言好像是一个具有许多特点并且与其他方言对立的整体。另一方面，大家却找不出方言的准确的界线。从前有一个调查者从博尔多（Bordeaux）出发，想确定北部和南部高卢罗马土语之间的界线，结果无法划出一条边界来，工作没有做完就停止了。其实，只要把那些地图放在一起比较，就可以找到正确的答案。

每个语言事实都各有它自己的界线。

可是在某些地区，我们找到的是整束的特殊事实的界线，这些界线有时是平行的，有时却是互相交错的。在北部和南部高卢罗马土语之间存在的并不是一条界线，而是整束的特殊事实的界线，这些界线中有许多是很接近的。在这束界线以南和以北，各个土语之间有许多共同的特点。南北的对立是很清楚的；但是我们不能只用一条线把它划分开来。

很特别，这一束界线所走的路线和那从博尔多到里昂的铁路所走的路线差不了很多，那就是说，向北走，造成一个尖端，然后转而由法国中部山脉北边的山脚经过。所以中部山脉的全部地区都属于南部土语的范围。那些使法国北部土语具有一种离拉丁语颇远的特殊面目的影响，只到法国中部的群山之前为止。界线并不是洛亚尔（Loire）

河，而是一群实际上很难通过、公路必须绕过的高山。北方的法语分布到很南的地区，同时也分布到西部，西边到博尔多，东边到里昂以南。在这里，方言的界线可以用地理情况来解释，地理情况规定许多历史事件的发生。

其次，由于所考察的事实很多，共同语和后代语之间的过渡时期也就清楚了。席业隆先生曾选了 *abeille*（蜜蜂）这个名词特别深入地说明地理方法的结果。从语音对应的规律看来，大家知道法语 *abeille* 这个词在法国北部不能算是原有的，而是从南部的某些土语借来的。但是只靠这一个事实并不能揭示出法语中 *abeille* 这个词的历史。我们只要把那张标出“蜜蜂”的各种名称的地图拿来考察，就可以看到它在法国北部的名称是因地而异的：有些地方叫做 *abeille*——那是一个从南方借来的名词；别的地方却叫做 *mouche à miel*（蜜蝇），*mouchette*（小蝇儿），或 *avette*。同是一种在罗马时代就到处为人利用的昆虫，在名称上却有这样的分歧，可见那古代的名词已经消失；这消失了的名词，地图上有几点可以显示出来：那就是 *é*，拉丁语的 *apem* 在法国北部照例变成 *é*。这个名词因为太短了，所以差不多到处都不用，而代之以一些新的名词，这些新的名词表示当时说话的人遭遇到困难。关于 *mouchette* 这个名词，席业隆先生曾下了一个大胆的假设，这个假设曾经有人反对，但是有它的特别动人之处。他说这个词是由 *moucheeé(p)* 组合变化而成的；拉丁语的 *apem* 因为在法国北部减缩得太厉害，说起来很不便利，所以大家采用了这个说法。可是这样的组合只能有一种可能的存在方式，所以马上就为 *mouchette* 所代替；因为当这一类的变化——不管是语音上的还是形态上的——发生时，那些新构成的形式会马上按照现存的系统加以调整，加入到那些原有的形式里面去。在南方，这个词从罗马时代起就已经被扩大为 *apicula*，像 *ouis*（羊）被扩大为 *ouicula*（法语 *ouaille*）一样，所以没有遇到那样的困难，并且把 *abeille* 这形式提供给巴黎地区。我们对法语 *abeille* 这个词的来源所作的这个概括的说明，抵得上一段记载实况的复杂的历史。

由于这些结果的启发，哪怕我们手头所有的材料没有这么多，并且没有这样容易拿来比较，我们也可以把事实解释得清楚些。常常只要用地理方法来处理那些事实，就可以明白它的历史。

可以举印欧语里表示“磨”这个概念的词作例子，有一个像 **meləmi* 或 **moləmi*（我磨）这样的现在时，在斯拉夫族语言、波罗的族语言、日耳曼族语言、克勒特族语言和意大利族语言里都还间接地保存着，我们在上文已经把那古代的形式构拟出来了（参看本书第 29 页）。可是这个动词在印度–伊兰语、亚尔明尼亚语和希腊语里都找不出来：

这并不是一件偶然的事情，也不是因为使用这几种语言的人民不知道有“磨”这回事；因为这些语言里都明明有一些谷类的名称，并且可以在这些语言里（只有印度–伊兰语除外）找到表示“耕种”这意义的词根。可是他们表示“磨”这意思的却另有一个词根，如希腊语的 *aléō*（我磨），亚尔明尼亚语的 *alam*，这个词根在印度–伊兰语里也留下了一些很明显的残迹。由此可见“磨”的观念在两个继承印欧语的领域里是以不同的方式表达的。

至于从斯拉夫语到意大利语的那个表示“磨”这意义的词根 **melə-*，在他种语言里也不是没有的，不过含有“压碎”或“研碎”等比较一般的意思，如梵语的 *mṛṇā́ti*（他压碎），亚尔明尼亚语的 *malem*（我研碎），或希腊俗语（le grec populaire）的一些动词如 *myllō*，或伊奥尼亚民间作家所用的重复词的起头的形式 *moimyllō* 等。正如拉丁语于 *molo*（我磨）之外还有一个 *mola*（磨）一样，希腊语因为已失去了那代表古代手磨的名词（从印度到克勒特的各种语言里都还保存着），所以由那代表“压碎”的词根造成了一个 *mylē*（磨）。由此可见 **melə-* 和希腊语的 *aleō* 这两个词根之间从前发生过一次竞争。这些词在地理上的分布，虽然材料很贫乏，却也可以令我们约略看到整个历史。

惊人的事实常常可以由比较这些地图而得到解释。比方法国南部有一个地区，不用从拉丁语 *gallu(m)*（公鸡）

演变下来的形式表示公鸡。在这个小地区里，人们用许多奇奇怪怪的名称如 *faisan*（雉），*vicaire*（牧师）等来叫“公鸡”，这些奇怪的名称说明了那种语言从前所遭遇到的困难。但假如我们把另一些地图拿来比较，就可以看到在这个地区 *-tt-* 和拉丁语的 *-ll-* 相对应：于是 **gat*（公鸡）这个名词就和 *gat*（猫，古代为 **gattu*(*m*)，意大利语的 *gatto* 就是由这个词变来的）发生了混淆。用同一的名词来表示“猫”和“公鸡”是很不方便的，于是“公鸡”那个名词就失去了。那种语言为了避免这个困难，用了许多显而易见的巧妙方法。一个概念之所以要用一些这样特殊的办法来表示，一般地说来是因为一个古代的名词由于某种理由（原因是很复杂的）而为人所废弃，所以不得不用另外的词来代替。在这种情形之下，说话者的幻想是任意奔放的。

无论对哪种语言，只要我们能够应用地理方法，就可以取得一些确定的进步。地理方法需要作尽可能广泛的调查，需要利用我们对一个语言区域整个地区所掌握的全部材料。因此，比较方法得到了出乎我们意料之外的精密性、普遍性和便利性。

可是我们应当预料到一件事：研究各种对应系统的比较语法所要考察的，与其说是各种土语——土语本身对它是不重要的——不如说是从同一“共同语”传下来的全体土语中的那些同类的事实。

任何土语都有它自己的系统，我们应当经常想到每一个细节在每一个系统中的地位：这一点上文第 30 页已经说过，这里用不着再提了。我们假如只限于考察由调查得来的并用地理方法记录下来的一些词和形式，就会有一种危险，只是孤立地研究一个词或者一小组词，一个形式或者一小组形式。这种支离破碎的办法是会葬送整个历史语言学的。语言地理的长处在于明显地表现出每个词、每个形式的历史的特点。但是这种特点在整个系统中有它所处的地位；假如只考察这些孤立的事实，而不把它们放在整体中去考虑，那么所犯的错，比起只考虑整体，而不用相当可靠的批评眼光来研究构成这些整体的每一个特殊事实的语言学家来，还要大些。

七　混合语的概念

在很长一段时期内，历史语言学中有一个为大家所默认的假设，认为语言是代代相传的，每个小孩都极力模仿他周围的人所说的话。这种情况看起来是很正常的，实际上我们也常常见到这种情况。

但是一个地方的居民会改变它的语言。这并不是什么罕见的事：在有历史可考的国家中（我们知道，世界各国可以由文字记载考订的历史，最多不过五千年左右；和全人类的发展史比起来，这不过是一个很短暂的时期罢了），差不多没有一个地方的居民没有改变过语言，至少一次，通常在一次以上。

在世界各国中，埃及是历史最悠久的国家，保留下来的东西也最多；然而，埃及语在有史时期坚持了大约四千年之后，就不再使用而为阿拉伯语所代替了。虽然埃及居民的基础并没有显著的改变。马其顿人的征服曾经造成许多希腊殖民地，尤其是在亚历山大里亚那个地方，并且使少数属于统治集团的人接受了希腊文化；但是那个地方居民的基础，甚至把那些来自叙利亚的移民也计算在内，还是和过去一样。——在现代法国的领土里，高卢语大概是在公元前1000年到前500年左右随着克勒特人的征服而来的；后来在罗马人征服高卢以后，高卢语就让位给拉丁语了。高卢人的征服看来并没有使居民发生改变，罗马人的征服实际上也只带来了很少的新分子。——这样的例子我们随便可以举出许多来，语言的改变是常常发生的。重要的是要考察造成这些改变的条件，以及这些改变所产生的结果是什么。

最容易观察得到的情况，就是现在欧洲差不多到处都可以遇到的情况。在每个区域里，都有一组同系的地方土语，以及一种书面的语言，也就是一般通用的，全国性交际使用的，政府、学校、行政机关和报刊所采用的文化语言。在这样的情形之下，书面语言对各地方土语是有很强烈的影响的。

于是就产生出两种方向不同的运动，而最后的结果却是相同的。

地方土语里充满了从普通话借来的成分，因为只有普通话才能够适应文化的新需要，而且威信也比地方土语高：它是那些最有势力和最有教养的人的语言。席业隆先生研究高卢罗马的各种地方土语时，曾经注意到这些土语遇到困难就在法语普通话里寻求解决的办法。所以这些高卢罗马土语根本没有提供一个纯粹的、由它们自己的历史造成的传统，里面包含大量“土语化”了的法语普通话成分。现在一般高卢罗马土语的研究论文里，要有一大章讨论这些土语采用法语的词的办法。既然法语和土语是同一语族的，所以它们固有的词汇之间有许多有规则的对应；使用地方土语的人按照这些对应，不难用一些法语词造成一些土语化的词，或者把一些法语的句法搬到土语里去。另外一方面，这种文盲所进行的工作常常做得很好，连语言学家也分不清土语中真正原有的成分和借来的成分。

普通话在价值方面以及在与别人交际的便利方面，优越性是很大的，所以一般人不久就倾向于违反旧有的习惯，放弃地方土语而采用这种普通话，好像脱下乡下服装换上城里的服装一样。不过改变语言没有改变服装那么容易。所以法国的地方土语大部分常常是些土语化的法语，乡下所用法语也常常是些法语化的土语。在许多情况下，只要把地方的词略加改变就造成一个很正确的法语的词：比方乡下的 *lwé* 这个词，只要把它念成 *lwa*（*loi*，法律）就成了法语了。伯利施土语（berrichon）的 *lavwé* 这个词有点比较难于法语化，只把它念成 *lavwa* 是不够的：应当加上一个 *r*（即法语的 *lavoir*，洗衣处）；所以 *lavwé* 也就有机会保留一些时候，但是终究大家是要按照法语的方式说成 *lavoir* 的。保存得最久的还是那些深入人心差不多不自觉的语法上的习惯，如上文第 27 页所说。等到这些习惯也消失了，地方土语就一点一点为法语普通话所代替了。这个运动现在进行得很快，有些地区比别的地区更快：比方在法国中部，法语普通话淘汰地方土语的速度就比在毕伽地（Picardie）快。这种运动已经普及全国；从现在起，我们可以预料到将来会有一天，在法国北部，一切地方土语的研究都会成为不可能的事，因为这些土语都会没有人使用了。可是在 18 世纪末，这些土语还是通行于乡间各处的；就在 19 世纪前期，法国所有乡村里的说话方式，至少还保留着许多带有浓厚地方色彩的残迹。

法语的这个事实在历史上并不是什么新奇的事情。在公元前 5 世纪，差不多每个希腊的小地方都各有它自己的土语。从那时起，普通话的影响逐渐扩大，把各地方特点都一个一个淘汰了，于是一种以古雅典方言为基础的共同语就普及全希腊了。虽然也遇到过许多反抗，可是这种语言终于到处都采用了；从帝国时代起，它的使用范围已经差不多普及到全部希腊化的区域。近代希腊的各种土语虽然又再度分化，却都是继承这个共同语而来的。希腊地方土语在共同语普及化以前的状态，我们现在已经很难在某一点上找到它们的细微的残迹了。

但是这种普及化并不是没遇到一些反作用，使普通话也发生某些改变。普及化以后的希腊语已经不是纯粹的古雅典话。普及各地的特点首先是一些古雅典方言和伊奥尼亚方言共有的特点，此外是古雅典方言所特有的某些特点。但是古雅典方言的另一些太特殊的特点却没有被接受。比方古雅典方言的 *tt* 和伊奥尼亚及其他大部分方言的 *ss* 对应，但是大家采用了 *ss* 而不采用古雅典方言的 *tt*，把“蜜蜂”这个词按照伊奥尼亚方言和其他大部分方言说成 *melissa*，而不用那个雅典的读法 *melitta*。以后雅典也遵照了共同的习惯，那些古雅典方言的特点就消失了。比方公元前 4 世纪在雅典有个词读 *uthēs*（指人的不定代词，常用于否定），但是这个古雅典方言的形式没有占优势，那个在雅典以外其他各地还保存着的旧形式 *udēs* 最后又回到雅典来。所以“不”的现代希腊语叫作 *δen*，这就是那个古代的中性词 *udén*（指物的不定代词，常用于否定）。由此可见共同希腊语并不是纯粹由一种单一的方言变来的，而是包含着一些相近而又不同的方言的成分。

法语的普通话是巴黎话，它也不是没有受过外省的影响的，虽然纯语派在法国很有势力。

所以一种普通话，从它的构成方式和里面所渗入的复杂的成分看来，多少总是一种混合语。还有比这个更进一步的。意大利的普通话是以托斯干话（toscan）为基础的；但是它的发音不容许有托斯干话的特点。所以，大家都喜欢说意大利的普通话是一种“罗马人口中的托斯干话”（lingua toscana in bocca romana）。英国的普通话是根据伦敦的习惯的；但是因为伦敦的地位恰好是在各种方言的接触点，所以伦敦的土语就带着一些来自各个不同地区的特性。普通话是为了适应各种来路不同的人的需要而确定下来的，所以并不是根据一个单一的传统，连在最好的情况下也是如此。

在普通话的构成方式中甚至有一些人工的成分。比方语法学家符克（Vuk）在规定塞尔维亚–克罗西语的书面形式的时候，是根据一个没有古音 $x(h)$ 的塞尔维亚–克罗西土语的，所以他起初规定这种语言没有 h 音。后来经过了一番思考，他觉得还是照顾到那些还保存着音的比较古老的土语好些。于是他所规定的语言就有了混合的成分。但是由于已经没有 h 音的地区的人很难发出 h 音，塞尔维亚–克罗西普通话的习惯在这一点上就摇摆不定，引起许多困难。

一种普通话的传播，并不限于地方土语与普通话同一类型并且同一来源的地区。如果普通话和地方土语截然不同，情形就和以上说的不一样了，但发展情况有几点是相似的。

一方面，土著的语言遇到了一种不同的普通话，就退缩到只用于一些地方性的场合，居于下等的地位。因此土语里就不免要渗入一些从普通话借来的成分。比方法国阿摩礼克地方的不列敦语充满了法语的词和语法，就是这样。这种土语可能由于说得很疏忽，因而失去了它的一些最显著的特点。例如华纳（Vannes）地方的不列敦语就是因此而大大地退化了。一种语言退缩到只用于地方性的场合，是会逐渐失去它一大部分要素的。一般地说，这种情形对于语言的历史是没有什么关系的；因为这样一种降了格的语言终究是要完全消灭的。

普通话使用起来比较便利，并且可以把会说这种语言的人列入有教养的人的队伍里去，所以它的用途就一天一天地扩大起来。但是改说普通话的人总没有本来说普通话的人说得那么正确，除了有些表示本地的动物、植物、风俗、习惯的词，普通话里没有同样准确的词之外，那些改说一种新语言的人，心里总保留着一些旧的表达方式；发音通常是很难学得完全正确的。

比方我们看一看法国的情形吧。虽然北部和南部的土语都是高卢罗马语，但是它们之间的差异大到足以使各地说土语的人不能完全互相了解。现在的城市居民，常常只会一种语言，就是法语的普通话；可是南方人说起普通话来发音很特别，并且因地而异。法国南部元音的特点是比北部较高，所用的元音的音色是不同的，鼻化元音的发音也不一样，那些哑 *e*，在法语里本来是配置得非常细致巧妙的，他们也安排得不正确；总而言之，发音全部不同。甚至语法也有一些差别；单纯过去时的用法在书面语言里虽然还保存着，但是在巴黎一带的口语里已经不存在，而那些说法语的南方人却常常用到。所以即使在法语这样的情况下，语言的教授法是统一的，纯语派的势力很大，语言的用法又定得严格到没有一个国家能够超过，也很少能够比得上，可是语言的普及化也不能不对各地的习惯有些迁就。法语在普及化的过程中分裂成了许多地区性的法语，标准巴黎语无论在哪一个外省里都不能学得很正确。这些地区性的法语虽然从来没有人把它们精密地描写下来，但是它们的存在却是不折不扣的。在这里，正如大家所说，我们感到了那个“本地底子”（substrat local）的影响；这种影响，在无论哪种普通话的传播当中，好像都是不可避免的。

无疑地，学校和书面语言的影响和人们要求说话正确的欲望，会使普通话的形式逐渐统一起来；但是这种统一是不能完备的。语言的规范尽管到处相同，但是很难到处同样地实现。

甚至毫无疑问还有比这更深刻的原因：经验告诉我们，

后天获得的解剖学上的性质虽不能遗传，而后天获得的习惯却是可以遗传的。语言的使用就带有最高度的全部后天习惯的性质。人们学习一种新语言时并不因此失去他们的遗传性。所以土语里面的趋势也可以在新学来的语言里表现出来。大家都知道，拉丁语在它代替了其他具有完全不同趋势的语言的区域里，尤其是在高卢，曾经发生了特别深刻的变化。比方大家都知道，克勒特语的主要特点之一，是有一种强烈的趋势，要把两个元音之间的辅音加以变化，以求适合相邻的元音，甚至把这些辅音取消；而拉丁语两个元音之间的辅音的改变，在任何地方都没有在罗马高卢语领域里，尤其是法语里那么显著；这些辅音的消失也没有一处比得上法语，如 *lepore(m)* 变成了 *lièvre*（野兔），*amatam* 变成了 *aimée*（可爱的）等。所以大家认为，法语中的那些最特殊的创新，并不只是由于拉丁语在高卢有一个特殊的发音法，而且是由于说高卢语的人有一种后天习惯的遗传。有了这一个假设，一般人对于“底子”的说法时常提出的非难就可以立刻消除了。关 *u*（*u* fermé）在罗马高卢语领域和阿尔萨斯（Alsace）变为 *ü*，不能说是一个直接由高卢语而来的遗迹，而是某些由遗传而得来的后天习惯所产生的遥远的后果。

这种对于一种普及化了的语言在各个不同领域里获得各种不同形式的解释——至少有一部分——常常为人所反

对，这是因为把这些事实看得太机械了：实际上不能指望在普及化的语言中找出一些“底子”的特点的原形。影响是很复杂的，并且是以一些初看起来很不明显的形式表现出来的。

所以，一种普及化的语言，在它所传播到的各个区域里，多少总是一种混合语，因为我们在那里除掉普遍的规范之外，还可以找到一些本地用法、本地习惯的（毫无疑问是很深刻的）影响。

除了这些深刻的影响之外，借用的成分如果多了，也可以使一种语言换上一副新面目。比方英语的词汇一多半是从拉丁语和法语借来的：光这一点已经足以使它和其他日耳曼族的语言不同。甚至发音方面也受了影响，因为那些借用的词还保存着它们的重读；因而日耳曼族语言把重读放在词的第一音节的原则就不能维持了。说话的方式也可以借用：比方斯拉夫语的 *čto za* 可能是由德语的 *was für*（什么样的）搬过去的。并且有些词可以包含两种语言的成分：比方拉丁语里的希腊词 *kath-ena*（直译当为“每一”）就是一半照抄一半借用的，后来变成了 **cata-uno*，**cat-uno*，再变成西班牙语的 *cadauno* 和意大利语的 *caduno*（每个）。

说到借用，我们就要承认说话的人心目中意识到两种不同的语言。实际上，在那些形态复杂的语言如印欧系语、塞姆系语、班图系语里，甚至在一些虽然形态比较简单，而语法范畴方面却包含一些很确定的特点的语言里，说话的人所说的总是某一种语言；他会感觉到所说的是这一种语言，还是那一种语言；他绝不会把两种语言的形态混淆起来。华纳的不列敦语虽然已经退化得很厉害，可是那个地方的居民会知道，他们所说的究竟是法语还是不列敦语。因为他们是根据情况交换使用两种本质上不同的形态。亚尔明尼亚语的形态里印欧系语言的性质是很明显的，而马尔先生却以为，里面有一些成分是由一种在使用印欧系语的人来到亚尔明尼亚以前的当地居民遗留下来的；可是他对这个假设的证明并不是很成功，除了他自己的学派以外，并没有说服过任何对亚尔明尼亚语史感兴趣的语言学家。

至于远东一带的语言，语法上的形态很少，句子的构成只是依靠一些确定的词序和虚词，所以说话的人借用两种语言的语法是很容易设想的。我们很容易想象一个越南人会把汉语的特性混到他自己的语言里去。这一类的两种语言的并存是比较容易的。所以，在远东，我们很难认识和确定语言的亲属关系，也许不是偶然的。

事实上，直到现在，我们还没有遇到过任何例子，可以使我们断定某种语言的形态系统是由两种不同的语言的形态混合而成的。在我们直到现在所观察到的例子中，每种语言都有一个连续不断的传统；它可能有或多或少的借用的成分，这些借用成分可能会引起某些新的构词法。传统可能是世代相传的：语言由老的一代传给年轻的一代；也可能是由语言的变换产生的：一个地方的居民学习了一种交际的语言，而终于放弃了他们自己的固有的话。但是，语言的形态系统无论如何都只有一个单一的传统。虽然如此，我们却不能断定，在某些合适的情形下不会有真正的“混合”。假如有一天我们遇到了这样的情形，语言学家的工作就很不容易了。我们现在之所以能够用比较方法来建立一些语言的历史，是因为我们确信，每种新的系统都应该从一种单一的系统出发来解释。如果我们要确定两个原始系统的情况，和它们彼此之间的影响，现有的这些方法还是不够的。因为我们既然可以在两套原始形式之间进行选择，那就会变成一种任意的选择，因而一切证明几乎都是不可能的了。尽管有这样的假设，幸亏语言学家直到现在还没有实际遇到过这样的困难。假如困难有一天真的到来，那么为了克服这个困难，要比这里所说的方法更加精细，并且还要对这些新方法加以考验。

八　语言变化的一般公式

语言是用来当作一个社会的成员之间的交际工具的，为了适应它的这个用途，并且因为社会集团都有要求它的成员完全一致的正常趋势，所以每个社会集团的语言都逐渐趋向统一。说同一种语言的人们的发音方法和使用的语法形态，在许多方面都是密切符合的。有些形式上的细节和意义上的细微差别，连最细致的语法学家也难于辨别，难于说明，常常可以保持若干世代而不发生任何显著的改变。这些细节上的相符并不排斥在某些点上很大的分歧。不过这些局部的分歧之所以能够发生，却正是因为语言有一个统一的基础，正是因为那些同一社会集团的说话的人，感觉到他们是属于同一个语言类型的。

变化发生时，就应该达到社会集团的全体，不然就会出现分裂的现象。实际上我们也常常看到语言的变化是达到全体说话的人的。语言只是社会的产物，如果说话的人都各自独立地改变语言，语言就不能适应它的目的了。所以创新和古代习惯的保存同样是普遍的。至于这种普遍性是怎样建立起来的，我们现在还没有得到确定的材料。但是我们至少可以看到那些创新有一部分是普遍的，有一部分却是以后才变成普遍的。这些创新是由全体说话的人所共有的条件决定的，但是创新之所以固定下来，毫无疑问是由于说话的人们感到大家应该采用同一个语言类型。社会对于个人在语言方面的创新常常是极力反对的。

有一件事实可以表明，变化并不是由于个别的创新得到多少出于偶然的普遍化而造成的。这就是：在有些事例中出现了一些平行的变化，语言学家看出这些事例的相似之点，但是说话的人们却只能看出它们的不同。关于这一点，罗马族语言可以给我们一个很有意义的例子。比方拉丁语古代的长 *ō* 和短 *ŭ* 都曾经变成了关 *o*，作为大多数罗马族土语的古代形式。例如 *nōdum* 和 *gulam* 的重读元音在法语的 *nœud*（结）和 *gueule*（口）里都变成了一个相同的元音 *eu*（写法上的不同是没有关系的，其中细微的差异也只是由于在法语里的位置不同）；同样的，古代的长 *ē* 和短 *ĭ* 也变成了关 *e*：例如拉丁语的 *mē* 变成了法语的 *moi*（我），拉丁语的 *bibit* 变成了法语的 *boit*（饮）。这两种混合都可以用一些共同的条件来释解，比方古代长短音对立的消失就是其中最主要的，并且在古拉丁语里，长元音比较关，而短元音却比较开：于是 *ō* 就与 *ŭ* 相近，而 *ē* 就与 *ĭ* 相近了。*ō* 与 *ŭ* 的关系正和 *ē* 与 *ĭ* 的关系相同；但是对说话的人来说，这个理论上的事实却是看不到的。创新的平行现象只能是由一些相似条件造成的共同结果。

创新之所以为不同的说话的人所共有，并且是相互平行的，而说话的人们彼此之间并无相互影响，那多少是由一些一般的条件所决定的。

凡是考察过各种语言的语音变化并且求过其间的对应规律的语言学家，都会感觉到这些变化是依照着某些一般的类型而发生的。有些事实的类型可以在许多事例中观察出来。比方那些所谓喉部的塞音[1]——实际上它们的特性是在于舌面与软腭的接触或接近——在一些前腭音素如 *y* 和元音 *i*,*e* 之前,甚至在接近于 *e* 的 *a* 之前,都很容易“腭化”；在这样的情形下，我们常可以看到 *k*，*g* 变为 *k'*，*g'*：如法语 *qui*（谁）的 *k* 和 *cou*（脖子）的 *k* 就完全不同。这些前腭的 *k'*，*g'* 又很容易变为 *tš*，*dž*(*č*，*ǰ*) 或 *ts*(*c*)，*dz*；这些 *tč*，*dž* 和 *ts*，*dz* 又很容易变为 *š*，*ž* 和 *s*，*z*。比方拉丁语的 *cinere*(*m*) 变成了法语的 *cendre*（灰），*carbōne*(*m*) 变成了

1　原文作“les occlusives dites gutturales”，即舌根音。——编者注

法语的 *charbon*（炭）。这一类的发展，在世界上差不多任何地方，在任何最不相同的语系里，都可以找得出来。

但是还有些更精细的公式，格拉蒙（M. Grammomt）先生在他那本讨论辅音异化的基本著作里已经发现了它们的存在。在一连串发音里，如果要重复某一个发音动作，说话的人就有避免这种重复的趋势。

这个趋势并不是同等地牵涉到一切音素的，有些发音动作没有另一些发音动作那么容易和顺利，人们不想在很短的间隔中重复的就是这些动作。舌头在发 *l* 和 *r* 时所应取的特殊位置，软腭在发 *n* 和 *m* 时所需要的降低，都是我们常常要避免重复的动作。

抑制重复的发音动作是依照一定的次序的。比方古代的 *uenēnu*(*n*) 变成了意大利语的 *veleno*，那就是说，这个词里所包含的两个 *n* 之中，有一个失掉了软腭下降的作用，结果变成了 *l*，第一个 *n* 就是这样发生了变化；除了一些由于特殊的事实而起的反作用以外，这样的两个 *n* 之中，失掉鼻化作用的往往是那第一个，而不是第二个。所以异化的产生方式是受一般条件支配的，并且这些条件可以列成公式。格拉蒙先生已把它们完全规定好了。

这就可以使我们看到，在许多事例中，一种创新是怎样发生的。比方我们就知道，在以重读为词的中心的语言中，重读音节元音的变化常常与非重读音节元音不同，而非重读元音的变化在这里又有两种不同的类型。在某些语言中，非重读元音会同时失去它的长度的一部分和本来的音色的大部分，于是常常变成带有一个多少有些中性的音色。比方德语非重读音节的 *e* 就是这样，这个 *e*，按照不同的情况，可以代替古代任何音色的元音。现代俄语里也有这样的变化：在这种语言里，非重读元音都已逐渐变得模糊不清，逐渐失去它原有的音色，而重读元音却读得很清楚。

相反的，在另一些语言中，非重读元音的变化却只在于它们的开口程度，如 *e* 和 *o* 变成了 *i* 和 *u*，而 *i* 和 *u* 则干脆完全消失了；比方在希腊北部那些近代土语中就是这样变化的。

德语、英语或俄语的重读音节读得非常用力，比非重读音节强得多；相反的，现代希腊语重读音节元音的特色却首先在于它们的长度比非重读音节的元音长些。如果非重读元音逐渐失去它们原有的音色，那是因为重读元音比它们更强的缘故。如果非重读元音有变得更关的趋势，如 *e* 和 *o* 变成 *i* 和 *u*，那是因为重读元音比它们更长的缘故；*i* 和 *u* 在元音的性质上已经比 *e* 和 *o* 短，所以只好消失，不能缩短了。

所以我们在无论哪种语言里，如果看到一些可以与北部希腊语的类型相比的事实，就可以相信那是由于有长短音的对立。比方我们不能说亚尔明尼亚语的重读会有可与现代英语、德语或俄语的重读相比的强度：现代亚尔明尼亚语的重读是并不强的；所以如果非重读的 *i* 和 *u* 在古亚尔明尼亚语里完全消失，而非重读的 *a*，*e* 和 *o* 却依然保存着，那无疑地是因为它的重读元音也和北部的希腊语一样，显然比非重读元音更长的缘故。同样地，我们也没有理由相信原始罗马语（即所谓拉丁口语，latin vulgaire）会有一个很强的重读，并且我们知道现代法语的重读是很弱的，所以我们不能任意假定法语在它的历史上某一个时期里曾有过一种如德语或俄语那样的重读，因为在由拉丁语变为法语的过程中，元音的重大减缩绝不是这样一种重读所能引起来的：*camera* 变成了 *chambre*（房间），那并不是因为 *ca* 重读，比 *me* 和 *ra* 用力得多。这个发展毋宁说是属于北部希腊语这一类型的；并且实际上它对那最开的元音 *a* 的影响就比对别的元音小些，比方 *nouu*(*m*) 变成了 *neuf*（新），而 *noua*(*m*) 却变成了 *neuve*。在法语所有的最早的文籍以前，*nouu*(*m*) 的 *u* 就已经消失，而 *noua*(*m*) 的 *a* 却变成了所谓哑 *e*；*neuve* 的 *e* 不再发音，那不过是法语有史时期内的事情，甚至是较近的事情。

对引起语音变化的一般条件的研究现在只是刚开始，但是我们从现在起已经可以找到许多确定的事实了。比方跟随的辅音，就是跟在其他辅音后面的辅音，常常比处在两个元音之间的辅音强些，也就更能持久；*dōtāre* 的两个元音

之间的 *-t-* 在法语的 *douer*（赠）里已经消失；但是 *lactūca* 的 *-t-* 因为在 *-k-* 后面，所以在法语的 *laitue*（莴苣）里还保存着。这些考证可以给语言学家一种指导。

但是我们还不能在任何事例中都找到一些准确的公式。我们至少应当随时观察某些音素所特有的条件。比方 *y* 就不能归入跟随辅音的规则里面；它有与前一辅音的发音相融合的趋势，以至常常失去它自己的存在，并且使前一辅音也发生深刻的变化。我们可以写——施莱歇尔已经试过，但未成熟——一篇论文，讨论这个 *y* 与它前面一个辅音的组合，以及由这个组合产生的各种繁复现象的全面研究的论文。

有些情形是很复杂的：一些像 *-mn-* 这样的辅音群，在两个元音之间就可以有一些不同的变化。在意大利语里，*-n-* 被视为跟随辅音，所以 *Somnu(n)* 变成了 *Sonno*（睡眠）；相反地，在法语里，*-mn-* 形成了只爆发一次的音组，所以 *m* 在那里占了优势，因而变成了 *somme*；最后，在西班牙语里，却产生了一个复杂的音素，结果变成了 *sueño*，里面找不出 *m*，也找不出 *n* 来。想把这些变化列成一条单一的公式是徒劳无功的。但是却不能说因此就不能拟出一些公式：公式是不能适用于原始时期和遥远的各种变化结果之间的全部发展的。普通历史语音学的公式只能适用于每个局部变化发生的时期。*somnu(m)* 在意大利语变成了 *sonno*，那是因为在起同化作用的时期 *-mn-* 构成一个有两个不同辅音的音组，而 *-n-* 被视为跟随的辅音。*somnu(m)* 在法语变成了 *somme*，那是因为起变化的时刻 *-mn-* 结合得很紧密，而 *-n-* 失去了它的自主性。我们由此可以得到一个结论：在一个像 *-mn-* 这样的音组里，鼻音 *-n-* 很容易失去它的跟随辅音的性质，这是由于 *m* 和 *n* 这两个鼻音的特性所造成的。

最后——这却是主要的一点——普通历史语音学的公式所指出的只是一些可能性，而不是必然性。我们可以确定两个元音之间的辅音怎样容易起变化；但是这并不包含它一定起变化的意思。两个元音之间的 *-k-* 很容易变成舌根擦音 *x*（即德语的 *ch*），或浊塞音 *g*；而这 *x* 和 *g* 以后还会由于这介乎元音间的地位而发生其他的变化。比方罗马语的 *k* 在法语变成了 *i*，如 *auca*（鹅）变成了 *oie*（现在读成 *wa*）；但是印欧语的两个元音之间的 *k* 在斯拉夫族的任何一种语言里都还保存着；现代波兰语 *piekę*（我煮）这个词里的 *k* 从印欧语以来就存在于这个第一人称的动词形式里了（法语 *cuis* 里的 *i* 也代表这同样的音素——不过已经过了许多连续的变化）。

在形态方面，发生的事情并没有语音方面那么严格。

形态是古代残迹的领域。

有些可以用某个社会里的人们的心理状态来解释的语法范畴，在这心理状态消失了之后许久还保存着。认为自然现象和事件背后有一些内在力量的人们，会把各种概念分成有生命的和无生命的两类，而在有生命的这一类中又很有系统地分别出公的（或相当于公的）和母的（或相当于母的）。我们于是可以明白产生果子的树怎样可以说是阴性的，而果实却说成“中性”的（即无生命性）；但是这样的心理状态在公元 1 世纪的罗马已经不存在了，所以像 *pirus*（梨树，阴性）和 *pirum*（梨，中性）这样的对立只不过是一个古代的残迹罢了。在现代法语里，假如有人说 *la ciel*（天，应该用阳性的 *le*，用了阴性的 *la*）或 *le terre*（地，应该用阴性的 *la*，用了阳性的 *le*），我们听起来一定觉得非常刺耳；但在一个现代法国人看来，是谁也说不出什么道理来的。名词之所以有性的对立，不过是由一个很古老的传统造成的。

有些意义很重要、用途也很广的范畴，已经逐渐失去了它的意义和许多用途。在拉丁语的动词里，“虚拟式”本来是一个主要的形式，虚拟式的作用支配着整个拉丁语的造句法。可是从共同罗马语时代以来，虚拟式的作用就已经不断受到限制。在现代法语里，大家常常用虚拟式来代替命令式里所缺乏的形式：比方 *viens*（你来吧），*venez*

（你们来吧）之外，还有 *qu'il vienne*（让他来吧），*qu'ils viennent*（让他们来吧），等等。在有些句法里，虚拟式的使用还很严格，如：*je veux qu'il vienne*（我要他来），*il faut qu'il vienne*（他应当来）。但是现代法语里已经没有虚拟式的意义了。所以它的用途在日常的口语里已经逐渐缩小，在书面的法语里还有 *je doute qu'il vienne*（我怀疑他会来）；但是在日常用语里已经趋向于说 *je donte qu'il viendra*。像 *s'il fait cela et qu'il dise ce qu'il pense, il aura tort*（如果他这样干，想到什么就说什么，那就错了）这样的说法，现在已经是古色古香的了。

除了这一点保留之外，形态和语音同样都是依照一般的公式演变的。在印欧系语言的演变中，有一件基本事实可以供给我们一个例证。

在共同印欧语中，名词和动词一样，都是一些屈折的形式。其中找不出一个名词的形式，比方主格的形式，可以说其他各种形式都是由它派生出来的：每个名词各有一套表示格的形式，但是没有一个形式是支配其他各个形式的；拉丁语里没有 *loup*（狼）这个名词，而只有一套 *lupus*，*lupe*，*lupum*，*lupī*，*lupō*，这五种形式没有一个是可以用来造成别的形式的，就如 *lupī*，*lupīs*，*lupōrum*，*lupīs* 这些复数的形式，也不是用以上任何一个形式来造成的。拉丁语没有“人”这个名词，而只有一套 *homō*，*hominem*， *hominis*, *hominī*, *homine*, 别的名词也是一样。同样的，“去”这个动词也没有一个形式是支配其他各个形式的，而只有 *eō*，*īs*，*it* 和 *ībam*，*ībō*，*eam*，*īrem* 等等。

在印欧系语言的发展过程中，名词都已经逐渐减少它们的形式变化，虽然迟早各不相同，但是在无论哪种语言里都是一样；除掉印度–伊兰语的古代形式之外，无论哪种印欧系的语言都已经不能完全表示出变格的各种形式了。大部分的语言，如各种罗马族语言、英语、波斯语等，都已经逐渐失去了格的变化；那主格的形式，或者取得了一个可以支配别的格的重要地位，像在斯拉夫语中那样，或者被用来当作其他各形式的出发点，像在亚尔明尼亚语里那样。相反的，所有这些语言都还保存着一种动词的屈折，就算没有印欧语那么丰富，至少也是变化的、复杂的、具有多种形式的。现代法语的动词还充满着许多不同的形式，而名词却已成了不变的，动词和名词的对比是很有意义的。

这并不是一件偶然的事情：共同塞姆语（sémitique commun）的名词变化从前有三个用词尾来区分的格。关于这一点，只有那最古的阿加德语（l’akkadien le plus ancient，巴比伦语）和古典阿拉伯语可以给我们提供一个概念；近代阿加德语和近代阿拉伯语已经把它失去；相反地，塞姆语的动词，在无论哪种语言里，甚至在一种像阿拉美语（araméen）这样进化的语言里，都还保存着一种形式丰富的动词变化。这种名词变化缺乏和动词变化丰富的对比，一般地说来，是我们常常看到的。

这是与名词和动词的性质有关的。名词表示的是一种有永久性质的概念：一件事情、一个人或一种性质；动词表示的却是一种过程，无论是一种正式的动作还是一种状态，如“他吃”“他睡”等等。正因为名词表示的是一种永久性质的概念，所以只有一个单一的形式，或者至多有一个主要的形式，其他各形式都由这个形式派生出来。相反，动词表示的是一种过程，所以可以有一些人称的形式和各种细微区别的表示法，这些都是随语言而不同的，并且可能是很多的。名词的形式和动词的形式之所以遵循不同的趋势，是由事物的性质所造成的。

无论在语音方面还是在形态方面，语言发展的一般公式都可以用一些全人类所共有的条件来解释，或者至少可以用同一文明类型的人所共有的条件来解释。

九　特殊的创新

全人类或同一文明类型的人共有的条件所产生的效果，是维持语言统一。但是此外也有一些条件是某些人群、某些时代、某些地区所特有的。由于有这些特殊条件，于是某一时代的统一的语言便逐渐分化成许多不同的方言。没有新的特异的趋势，语言的系统是不会起本质上的变化的。一般趋势所引起的变化，通常不会产生新的音素。

比方当一个音素因异化作用而失去它的要素之一的时候，那种语言绝不至于把那个单纯由异化作用而产生的奇特音素保存下来。在古代的 *veneno* 里，第一个 *n* 失去了它的软腭下降的作用，但是结果并不如我们所期待的那样，得到一个不带鼻音的极弱的塞音；这个音素的发音太不确定了，所以马上就为一个在那种语言里早已存在的相近的音素所代替，成了 *veleno*；那个不带鼻音的 *n* 其实只有一个虚位的存在罢了。这个变化完成了之后，那种语言就在一个词里多了一个 *l*，而不是多了一个音类。

这一类的事实是常常可以看到的。法语在不久以前的时候失去了它从前所常用的腭化 *l*，这只是一种发音的简化，并不会因此引起任何足以使语音系统发生显著变化的大事件。所以腭化 *l* 消失的结果并没有创造出新的音素来：腭化 *l* 简化为 *y*，而这 *y* 却是一个在 *miel*（蜜），*pied*（脚），*yeux*（眼），*aïeux*（祖宗）等词里所常遇到的音素。在这个创新以后，法语比从前多了许多 *y*，但是它的语音系统并没有发生改变。

古代的 **sw-* 和 **tw-* 在亚尔明尼亚语里变成了 *k'*（即所谓送气的 *k*）。这么一来，就简省了一些辅音 *w*，但这新产生出来的 *k'* 却就是亚尔明尼亚语里早已存在的那些由别的来源产生的 *k'*，如 *k'an*（什么）或 *lk'anem*（我允许）等词里的 *k'*。

在形态方面，简单的类推作用也只是扩大了一些现存范畴的用途，而没有创造出什么新的。假如法语用 *disez*，*faisez* 来代替 *dites*（你说），*faites*（你做），那并不能算是什么新的创造；因为大家早已有 *lisez*（你读），*taisez*（你沉默）这样的说法了。希腊语曾依照 *ethēka*，*ethemen* 这个公式用 *-k-* 来造成了一个 *hestēka* 与 *hestamen* 相对，那也只为了使完成体的构成容易一些；大家把一个起初只用于两三个形式的规则的用途扩大了许多，但是并没有建立起什么新的规则或新的范畴。

可是经验告诉我们，无论在语音方面还是在形态方面，都曾创造过一些新的办法。任何印欧系的语言都曾有过一些创新，把一些从来没有用过的音素，新的语法形式，甚至新的语法范畴灌输到语言里去，从而改变了语言的面貌。所以有些特殊的创新是不能归到任何有普遍性的趋势里去的。

印欧语从前有一些清塞音，发音时很用力，并且爆发以后并不送气，声带的振动在爆发以后立即开始；这就是像各种罗马族语言、波罗的族语言、斯拉夫族语言、伊兰族语言等的清音 *p*，*t*，*k*。印欧语也有一些浊塞音，发音较弱，并且从成阻起就带有声带的振动，如上述各种语言的 *b*，*d*，*g*。这一类音素在亚尔明尼亚语、日耳曼语，甚至克勒特语（克勒特语并不彻底）中，都已经为别的音所代替：*p*，*t*，*k* 的发音已经变得比较弱，在塞音爆发以后声带振动以前加上送气；至于 *b*，*d*，*g*，喉部的振动也已经不是在成阻的时刻就开始，所以发出的 *b*，*d*，*g* 很近于清音（这一类的 *b*，*d*，*g* 在法国人听起来，很像是发音不大正确的 *p*，*t*，*k*）。这么一来，塞音的发音系统就全部改变了。这新系统没有旧的那么稳固；因为各种固守印欧语类型的语言还呈现着印欧语的状态，尤其在词首或者在跟随的地位（即在辅音之后）是这样的，所以就有一些细节的创新常打乱了平行的发展——比方亚尔明尼亚语和克勒特语就已经失去了那个古老的首音 *p*。——这种发音类型的大变化，当印欧语传播到一些新地区的居民中的时候，就有了骤然产生的机会。

但是此外还有一些特殊变化，是在语言变化之后，常常是在许久之后，才慢慢地发生的；这无疑地是由后天的遗传趋势造成的。比方在日耳曼族语言中，下一音节的元音的发音在发前面的一个元音时就已经在准备了；这样引起的后果是很大的。印欧语的每个元音，或者干脆就是前腭音，或者干脆就是后腭音；相反的，在日耳曼语中，比方发 *a* 或 *o* 时，就已经准备着发 *i* 或 *y*，所以就创造出了一些如法语的 *eu* 或 ü 之类的混合元音。这些元音在日耳曼族语里，一种语言和另一种语言大有不同，一种土语和另一种土语也大有差别，结果就造成了极端复杂的情况，古英语和各种北欧语言尤其显著。这些创新大部分是在这几种语言的有史时期之前不久，或者竟是在有史时期之内才完成的。但是这些创新曾经酝酿了很久。直到现在，日耳曼语还有一种特殊的创新；这种创新影响到元音的整个系统，使它起了根本的变化。

同一趋势的各种创新可以在很不相同的时期完成。比方那些与元音 *i* 和 *u* 相当的辅音形式，即 *y* 和 *w*，在希腊语里已经消失。但是*y*在有史时期以前许久，就已经不见于任何希腊的土语；他们借用腓尼基字母的时候，这个符号是只用来记元音*i*的；相反，*w*（希腊语叫作*digamma*）却在有史时期内还保存了许久。许多土语的文籍里都还保存着一切古代的*w*，另一些土语则保存着首音*w*，而已经把两个元音之间的*w*失去；由某些古雅典语的特点看来，这个*w*在有史时期以前还在那里存在过。所以*w*是在*y*消失了许久以后才消失的。可是这两个现象都同出于一个基本的趋势；我们在印欧语和希腊语之间所看到的差别，大部分都是由这个变化而来的。

趋势的统一性有时为特殊的情况所掩盖。比方罗马语的那些古代的*y*和*w*在词首已经比拉丁语的辅音*i*和*u*更带辅音的性质。辅音*i*变成了*dž*，再变成法语的*j*，如*iam*在意大利语变成*gia*，在法语变成*ja-*（*jamais*，"永不"）。辅音*u*也变得更带辅音性；但是拉丁语早已有了唇齿音*f*，而没有相当的浊音*v*，于是*u*的辅音形式就填补了这个语音系统里的空格。因为*f*和*v*都是一些稳固的辅音，所以这两个擦音就保存下来了。这么一来，辅音*i*的变化就不再与辅音*u*相平行了。——在词的两个元音之间，拉丁语在有史时期以前许久就已失去了那辅音*i*，而辅音*u*却还保存着；于是词中间的辅音*u*也就变成了擦音*v*了。

形态方面也同样有一些特殊的趋势，结果有消失，也有创新。

有几种印欧系的语言已经失去了语法上的性的分别。这种分别，无疑从若干世纪以来，就已经不再适合文明人的心理状态了。可是罗马族语言、德语、斯拉夫语等却都还把它保存着；性的分别虽然没有语义上的价值，但在语法里面却占着很重要的地位。亚尔明尼亚语里的分别何以比德语这样的语言里更易于消失（亚尔明尼亚语的名词变格里，还保存着以 *-o-* 为词干和以 *-ō-* 为词干的分别），我们可看不出什么理由来。但在亚尔明尼亚语里性的分别却连一点痕迹也没有了。在这里确实有一个特殊的趋势；因为在和它邻近的西部伊兰语里，这种性的分别也同样废弃了。所以在那些和它相邻近的语言如爱拉姆语（élamite）和南部高加索语里失去了性的分别，绝不是偶然的了。在这里，一种语法范畴的消失把底子（substrat）的作用显示出来了。

拉脱维亚–立陶宛语的名词变化虽然很丰富，但是也失去了阳性和中性的分别，不过那些用来表示阳性和中性的形式却还是分别很清楚的。立陶宛语的词尾 *-as* 和 *-ą* 应该与拉丁语的 *-us* 和 *-um* 相当，从前是很清楚的。但是从有拉脱维亚–立陶宛语以后，这个阳性与中性的分别——在14 世纪末叶的古普鲁士语还存在着——就废弃了。在这里有一个特殊的趋势，我们大可以认为是由那些使用芬兰语的居民和使用拉脱维亚–立陶宛语的居民混合所造成的。

创新比消失更为显著。在印欧语里，动词的词干是用来表示“体”（aspect）的，如延续（présent），单纯的过程（aoriste），已完成的过程（parfait），将结束的过程（aspect déterminé）等。动词的词干从不表示时。将来时没有正式的表示形式。现在时和过去时的分别只用一些不同的词尾（désinences）或附加音（augment）来表示；但是不同的词尾除此以外还有其他的用途，附加音就是附属的词，并且只见于一组方言中：印度–伊兰语、亚尔明尼亚语和希腊语。在克勒特语和意大利语中，用动词词干来表示时的办法大为发展，时在克勒特语或意大利语的动词变化里已经成为主要的因素。这是再特殊没有的。克勒特语和意大利语并没有因此成为“混合语”；因为这些表示时的新办法，克勒特语和意大利语不同，奥斯克–昂伯利语和拉丁语不同，甚至奥斯克语和昂伯利语也不相同。

在所有的或大部分的印欧系语言中，变格形式都已经不足以表示具体的关系：为了表示所在的地方和所要去的地方，要在变格形式之前加上一些前置词，这些前置词势将把那些表示变格的形式完全取而代之。可是，立陶宛语不仅保存着一个很明显的自给自足的依格，而且还造出了一个和业格有别的推理格（illatif）。依格和推理格固然都包含着一些后置词，但是从立陶宛语的观点看来，这两种格的形式却具有单纯变格形式的性质。在这里，和芬兰语类型的相符之点还是很明显的。但是芬兰语从没有一个语法形式因此渗入立陶宛语，正如不会渗入拉脱维亚语一样。

为了明白语言的发展，我们必须注意各种特殊趋势和一般公式的对立。要这样，创新和保存才会有一种重要的意义，否则便会没有意义。

显然，只认识特殊的创新，这是不足以确定一种新采用的语言据以发展的“底子”的，甚至也不足以肯定一种外来的“底子”的存在。但是这样做，我们至少可以得到一种提出问题的方法和一个解决这个问题的初步方针。

无论对“底子”的看法如何，总应当把一种语言所特有的变化和各种正常的变化分别开来。如果我们考察长期的演变过程，就差不多随时可以看到一些特异的创新。

十　新的精密的研究之必要性

我们直到现在所列举出的这些结论，是属于不同的类型的。有一些结论涉及历史事实，如意大利语、西班牙语、葡萄牙语、法语、罗马尼亚语都是由拉丁语变来的形式。另一些结论说明一般的可能性，如两个元音之间的辅音容易发生的那些变化，词首的辅音与跟随前一辅音的辅音可以避免。但是在这两种情况中，证明的方法却是相同的。人们会说：意大利、西班牙等语言之间的相符，并不是偶然的事；两个元音之间的辅音和词首辅音或跟随辅音的变化不同，也不是偶然的事。整个方法问题就在于怎样去估计偶然性：语言学家看见骰子掷下来点数总是一样，就会断定这些骰子一定有弊病。可是应当要有多少相符和怎样的相符，才能确定事情不是偶然的呢？

我们不能采用或然率的计算法，因为相符的种类不同，价值也不同。或然率的计算法只有应用在一些性质相同而且标准相同的事实上才有效。语言的事实却不是这样的。

正因为语言事实的性质和它们的特殊细节必须在每一种情况下估价，所以要想适当地利用这些事实，全靠语言学家的机智、判断力和见识。语言学家对于事物的感觉是很不相同的。有些人对于语音变化有正确的认识，但是对说话的人使用某个词的方式却不甚明了；那些可以使我们很好地了解各种语法形式的发展的聪明才智，却并不是我们用来猜度“通俗语源”的各种捉摸不定的作用的聪明才智。语言学家之间的意见分歧，可以用这个“个人系数”（coefficient personnel）来解释。有一些头脑不清的人，就是不能估计任何一种比较研究的正确价值的。但是经过练习，对若干套十分确定的事实加以考察，是可以得到一种经验的，凭着这种经验，我们可以对所比较的各种事实做出正确的判断。以下就是一些细致的比较的实例。从这些实例里，我们可以看出证明所遇到的那些困难。

我们知道，在不列敦语（brittonique）中，和在加埃耳语（gaédique）中一样，两个元音之间的辅音的变化与词首辅音不同。有一点可以表示这两种语言中有一个共同的趋势，就是在这两组克勒特语言里，任何以辅音开始的词，如果与句子中前一个词有密切的关系，这个词首辅音也就和两个元音之间的辅音同样变化。但结果在这两组语言中却是各不相同的：在加埃耳语中，两个元音之间的清塞音变成了清擦音，如 *t* 变为 *þ*，*k* 变为 *x*；相反地，在不列敦语中，这些塞音却变成了浊音，如 *t* 变为 *d*，*k* 变为 *g*。这种变化法不适用于重叠的浊音，因为它们的发音比单纯浊音强些。——加埃耳语的清音与不列敦语的清音变化不同，这应当是由这两种语言的特性不同造成的；因为在加埃耳语里，有些浊辅音因其本性而有变为清音的趋势，在不列敦语里却没有这种现象。在加埃耳语里，词首的 *w* 已经变成了 *f*，在不列敦语里的却变成了 g^{v}；在加埃耳语里，词首的 *y* 变成了 *h*，后来完全消失了，在不列敦语里，*y* 却至少还保存着。——语言学家看到这个符合点。凡是承认语音变化的形式首先与语言的语音结构有关的语言学家，都会认为这个符合有重大意义。但是不见得每一个人都同意这一个结论。

特殊事实的对应和一般的趋势越不同，这些事实的对应就越有证明价值。为了确定意大利族语言和克勒特族语言同出于一种由印欧语变来的共同语，我们可以提出几个符合点。其中最奇怪的一个就是“五”这个数词的古代形式是 *$penk^{w}e$（梵语为 *pañca*，希腊语为 *pénte*），变成了意大利-克勒特语的 *$k^{w}enk^{w}e$，这个变化我们从爱尔兰语的 *coic* 和拉丁语的 *quinque* 里可以看到。这相符之点的证明价值是很难确定的。我们知道这种现象并不是这个数词所特有，因为在意大利语和克勒特语里任何两个含有 *p* 和 k^{w}

的相毗连的音节里都可以找到同样的现象。——这种创新显然不是意大利–克勒特语的一个特殊趋势所造成的。这一类的同化作用起源于两个毗连音节趋于同化的一般趋势（如 **sešuras* 变成了立陶宛语的 *šešuras*）。我们应当知道的是这个趋势的力量如何；但是我们并不知道。我们可以观察 $p\cdots k^w\cdots$ 毗连的机会很少。——在西部印欧语里，k^w 和 p 之间确实有过亲属关系，并且确实在无论哪种语言里 k^w 都变成 p：在希腊语（有一定的限制）、奥斯克–昂伯利语和克勒特语里是照例这样变的，在日耳曼语里是偶尔这样变的。意大利–克勒特语的 $*p\cdots k^w\cdots$ 变成了 $*k^w\cdots k^w\cdots$ 就是表明这种亲属关系的一个事实。但这种同化作用并不在希腊语里产生；所以意大利语和克勒特语的这个创新是与希腊语的那些创新相对立的。在日耳曼语里也曾有过一种同化作用，但是方向却刚好相反，不是 $*k^w\cdots k^w\cdots$ 而是 $*p\cdots p\cdots$，在一个孤立的例子里写作 *f-f*，如歌特语的 *fimf*。由此可见，同化的趋势虽很自然，而同化的形式却有两个可能性。意大利–克勒特语的特点，一方面是在于产生同化作用的方向，另一方面却在于这种现象的正常性。这相符是可以作为证据的，不过证明价值并没有初看起来那么大。

幸好，比较语言学家常常有办法找到一些比较客观的证明。

历史比较语言学家所提出的问题中，最特出的是要用比较方法构拟出一个语源来。为了给一项比较做出证明，必须指明所观察的某些相符之点绝不是偶然的。本书第6页说过亚尔明尼亚语的 *erku*（二）那个词可以与希腊语的 *dyo*，*dyō*，拉丁语的 *duo* 等比较，这个事实提供了一个很好的例子，说明了我们可以用哪一类的证明。这个比较初看起来好像很奇怪，使人迟疑不敢接受。但是实际上是靠得住的，这一点我们很容易说明。

首先，亚尔明尼亚语的整套数词，从“一”到“十”都是印欧语的。唯一不是一眼就看得出来的只有 *erku*（二）这个词。说它是一个借用的词，单从理论上说就不大像，因为一种把古代的基本词汇整个说来保存得很好的印欧古代语言，不至于要去借用一个数词；况且在亚尔明尼亚语附近的各种语言中，就我们所知道的说，就没有一种语言的“二”有过这样的形式，因而我们根本无法设想亚尔明尼亚语怎样向外边借用 *erku* 这个词，所以借用的说法越发难以令人接受。

其次，“三”和“四”这两个数词在印欧语里是有表示多数的词尾变化的，在亚尔明尼亚语的体格里也有一个收音 *-k*‘ 作为体格的形式；自“五”以后的各个数词，印欧语没有词尾变化，亚尔明尼亚语也就没有这个尾音 *-k*‘，如 *erek*‘（三），*čork*‘（四）有 *k*‘，而 *hing*（五），*vec̣*（六）

就没有。至于“二”这个数在印欧语里是有词尾变化的，那自然是双数的变化。在有史时期亚尔明尼亚语已经没有双数，所以 *erku* 这个形式就不能用有史时期的材料来解释。因为亚尔明尼亚语的双数范畴早已废弃，所以 *erku* 没有多数的符号是极可注意的。亚尔明尼亚语里这个印欧语的双数的遗迹的残存，是非常触目的；它使我们想起了拉丁语的 *duo* 和希腊语的 *dyǒ̄* 等等。

词首的 **dw-* 变为 **erk-* 是很奇怪的。但是我们可以指出：凡是以这个音组起头的地方都是这样变化的；除了这 *erku* 可与拉丁语的 *duo* 相比较外，还有两个同样好的例子，可以把这种变化确定下来。这个事实在亚尔明尼亚语里是很好解释的（详见上文第 32 页）。

此外，如果 *erku* 是一个古代的双音节词，原来就有 *e*，那么，这个收音 *-u* 是绝不能保存下来的；因为在全部亚尔明尼亚语所继承的双音节词中，最后一个音节的元音都已经脱落了。*erku* 的 *-u* 自然与古代的 *-*ō* 相当（荷马的 *dyō*，古斯拉夫语的 *dŭva* 等可以证明），*u* 之能够保存，只有在一个条件下才可能，就是当那些最后的音节的元音脱落时，这个词并不是双音节的。

可是这个奇怪的语音变化，在某些人看来，也许还有一些可疑。但是我们只要指出亚尔明尼亚语和其他各个印欧系语言里“二”这个形式的那些一致的变化，就可以得到证明了。因为印欧语的 *ō* 在亚尔明尼亚语变成了 *u*，所以 *erku* 这个形式是由 **duwō* 变来的，比方在荷马希腊语的 *dyō*，古斯拉夫语的 *dŭva* 和吠陀梵语的 *d(u)vá* 都还把它保存着。但是此外还有另一个形式 **duwo*，词尾是一个短 *o*；这是希腊语的通用形式，如 *dyo*。而亚尔明尼亚语在 *erku*（二）之外，也还有一个 *erko-tasan*（十二，即“二”和“十”），保存着短 *o*。这还不算，印欧语里还有一些复合词，第一个成分是 **dwi-* 而不是 **dwo-*，如梵语的 *dvi-*，希腊语的 *di-*，拉丁语的 *bi-*；而亚尔明尼亚语的 *erkeam*（两年的）里也有一个 *erki-*。这三套相合的变化绝不是偶然的。

像这样，证明的工作就完成了。

这样完备和这样多的相符不是经常可以找到的。因此，在不同的场合，语源的或然性是有程度上的差别的，在有些场合，比方在我们刚才所举的这个例子里，证明是十分可靠的，它的严格程度是历史学中很少见的。在另一些场合，所作出的比较只是可能的，有时甚至很难指出它近乎事实。在这两个极端之间，还有各种程度不等的或然性：各种语源词典有一个最严重的缺点，就是没有指出各个比较的可靠程度。语言学家虽然不能支配那个决定这些差别的系数，但是却不是没有办法把这些差别指出来，使人领会的。

要使历史语言学得到进步，我们必须使我们的研究精密化、系统化，并且扩大范围。因为现有的理论，与其说是以经过选择的材料为基础，不如说是以一些不完备的、模糊的和偶然的材料为基础。

我们必须经常使观察更加精密：每当我们更加细心地观察各种材料的时候，就可以得到一些新的结果。对于各种现代语言，我们现在还没有尽可能用各种方法来研究。语音学是需要实验室的；在实验室里，还需要有训练的语言学家去使用各种仪器。并且只是观察某个时代的静态的事实，也已经不够了。已故的布瓦洛（Poirot）先生在《安迪勒纪念论文集》（*Mélanges Andler*）里有一篇文章，已经指出我们怎样才能够在一个变化刚刚实现的时候就把它抓住，来观察它是怎样产生的。对于古代语言，语言学家应当利用精密的语文学：我们有时候会以为语言学家在语文学方面只要“差不多”就满意了，这是不对的；相反，语言学家必须具有用一切最正确的语文学方法所能得到的精密性和严格性。

我们必须组织一些有系统的研究。直至现在，我们差不多根本没有努力去用一些注重方法的研究来建立语言学的理论。只有几个心理学家做过几套实验，但是大部分并没有人继续去研究。

比方我们就需要细心研究一下，后天的语言习惯可以世代相传的程度究竟如何。我们不知道一个儿童学习他的父母的语言，比起学他种语言，尤其是不同类型的语言来，是不是会容易些。这一点需要进行调查；这种调查并不是特别困难的。

有某些事实使我们认为：精通几种语言的父母所生的儿童，或者并用两种语言的父母所生的儿童，学习各种语言时，会比只说一种语言的父母所生的儿童容易些。

同样的创新会出现在一些生在同样环境里的儿童身上：这一事实似乎就是由后天习惯的遗传所引起的。

这一整套观察和实验研究，可以使我们对于语言的发展得到更清楚的概念。

此外，语言学家的经验也未免太狭窄了。对于各种大语言常常描写得很详细，但是对于各种地方土话，常常说得不够精密。除了各种大语言之外，对各种语言所作的准确描写，一般说是很少的，可是我们却必须要弄清楚：各种类型极不相同的语言，在各种极其不同的环境里是怎样运用的。

更严重的是，对于各种语言的情况，差不多从来没有人作过准确的、细致的、完备的观察和描写。各种语音描写、语法、词典里所载的，不是一些或多或少地任意选择出来的代表事例，就是一些规范。几乎没有一个语言领域，我们可以说得出它的语言的情况实际上究竟是什么样的。可是，语言学家所关怀的并不是这些规范，而是使用语言的方式。一种语言的情况和另一种语言的情况的差别是最大不过的。乡村的居民，大家的社会地位差不多，文化水平也差不多，他们的语言是一回事；城市的居民属于各种不同的阶层，教育不同，文化也不同，他们的语言就又是一回事了。在一个全体居民使用同一种语言的城市里，人们所用的语言是一回事；在一个同时住着使用五六种不同语言的人民的城市里，像君士坦丁堡那样，人们所用的语言就又是一回事了。情况是随风俗而变化的：比方在地中海东岸（Levant）某些城市里，男子多少会说四五种语言，在外面相机使用；妇女寸步不出闺门，就只能懂得一种。这种因不同社会情况而产生的差异是无穷的。

大家都自以为知道法语是什么，其实在法国的乡村里，法国各省的城市里，尤其是在巴黎，居民究竟是怎样使用这种语言的，谁都不能真正知道。我们要想知道法语将来的演变，就应该弄明白各种地方土语在乡村和城市里的使用情况，以及法语在每个省、每个城市所采取的特殊形式，以至在每个城市的每个社会集团、每种职业、每个阶层的人中间所采取的特殊形式。

语法书和词典里的法语是大家所知道的，但是那只是一些规定好的条文。对语言学家说来，最重要的却在于知道那些说法语的人是怎样应用这些规则的。可是对于这一点，我们却只有一些模糊的概念；从来没有人做过任何注重方法的调查，所作的只不过是一些局部的探讨。

然而，共同法语在19世纪初叶的时候还只是极少数知识分子所用的语言，现在却成了法国全体居民的语言；这个事实已经根本改变了语言发展的条件，势将不免引起一些重大的创新。

法语是这样，世界上各种大语言也是这样的。历史证明各种共同语的使用范围是要扩充的。但是就过去的来说，这种扩充究竟是怎样发生的，我们却无法确定。至于现在的，我们本来可以直接观察，然而很可惜，大家对正在发生的事却几乎睬也不睬。在1914年以前，俄语就已经变成了梯比里斯（Tiflis）的共同语。但是这一过程通过哪些步骤，用过什么东西做媒介，却从来没有人指出过。在那个城市里，比邻而居的有许多使用格鲁吉亚语、亚尔明尼亚语、土耳其语、俄语和许多别的语言的人，对一种共同语的需要，迫使他们不能不采用俄语，这种为学校和行政机关所采用并且有体现文化的权威的语言。但是有一件细小的习惯也有过促使人们采用俄语的作用：亚尔明尼亚的妇女是从来不肯受别人雇用的，有点钱的亚尔明尼亚家庭多半雇用俄罗斯妇女来教养他们的小孩，于是俄语就成了多数亚尔明尼亚儿童的母语，尤其是在那些最体面、最有势力的家庭里面。

在法国所统治的北非殖民地，当地一向使用的柏柏语（berbfère）与侵略者用来传布回教的阿拉伯语同时并存。

阿拉伯语是宗教的语言，并且是一种很大的书面语言，至少在阿尔及利亚（Algérie），阿拉伯语已经渐渐排挤了柏柏语，柏柏语只不过是一群地方土语的总称。相反的，信仰回教的居民忠于他们的宗教和传统，只接受欧洲文明中的少数物质性的成分；他们并不采用法语，只是在迫于需要的时候，才用法语来作对外联络之用。因此，欧洲人的统治所带来的文明的变动，只是推进了柏柏语的废弃和阿拉伯语的普及化；法国人的统治在无意中扩充了阿拉伯语的领域。

如果是同时采用两种语言的场合，我们就应当知道这两种语言之间是怎样互相影响的，以及由这些相互影响产生出哪些结果。

美国给我们提供了一些极可注意的例子。我们应该详细研究，可是语言学家们却差不多没有接触过。

北美洲在17、18世纪的时候，曾有许多移民——大部分是英国的——移居过去。现在的美利坚合众国，直到18世纪末叶才不再是英国的殖民地，而加拿大却直到现在还是不列颠帝国的一个自治领；在19、20世纪的时候，每年都有许多英国人移居到美国。大西洋两岸的书面语言仍然是一样的，学校里所教的语法的规范是相同的；并且在最有教养的美国人中间，尤其是在东部各州，还提倡用一种纯粹的英语。而另一方面，土著的影响又是不存在的，因为土著有些已经被淘汰，有些则被围困在特殊的区域里面，白人与土人之间从来没有混合过。——但是美国宣布独立只有 150 年，美国人说的英语和英国人说的英语已经大相悬殊了。著名的文艺批评家孟肯（Mencken）先生故意夸大说，那已经是两种截然不同的语言了。

这种分歧是很容易解释的。

第一，英语对于变化的抵抗力没有法语那么强。英语的语法没有法语那么严格。英语的特性主要是在一些熟语上，而这些熟语又比正常的语法形式容易起变化。此外，英国纯英语的提倡也不像法国那么有影响，那么有组织，那么普遍。

美国已经成为一个强大的国家。它对于旧祖国已经觉得没有什么可以依赖的地方。在它看来，任何依赖，哪怕是只限于语言方面的，都是难以忍受的。如果有些知识团体还依恋着英国的旧文化，尤其是在东部旧殖民地的区域里面，那只是些文人的雅事，他们对于全国的影响根本没有支配作用。美国的学校不隶属于中央政府，所以并不能像在法国那样起强大的统一作用。

并且美国主要是一个移民的国家，移居来的移民来自欧洲各地：有爱尔兰人（他们虽说英语，但是他们的英语是不久前才学会的）、德国人、斯堪的纳维亚人、拉脱维亚人和立陶宛人、荷兰人、俄国人、芬兰人、罗马尼亚人、东欧的犹太人、意大利人、希腊人、亚尔明尼亚人以及叙利亚人。英语是美国的共同语，但是说这种共同语的人有许多都另有一种母语，就是那些在美国出生的人，也听见过他们的父母说另一种语言。在大部分地区，这些新来的移民比旧移民的子孙要多得多，所以在美国，大多数人所说的英语都是新近才学来的，而且有许多人还同时说着两种语言。在美国中部和西部，新近移民的比率比东部高，英国传统的力量也比较小，这些地方的地位愈重要，英语就将愈有腐化的危险。

总而言之，保守的力量小，而倾向于变化的力量却很大。今后英语在英国和在美国的演变不同，是最自然不过的。

注意考察英语今后在这两个国家里的命运，那是特别有启发意义的。

所以比较文化研究所这次发起调查一个像高加索这样复杂的语言区域，已正确地感觉到了语言学最迫切的需要。这种调查可以使我们得到一些关于语言情况的精密完备的报告，从而使各种理论焕然一新。我们充满信心等待这些细心的、有训练的调查者和经验丰富的语言学家这次调查的结果，并且希望这些结果能在最短时间内引起对其他区域的同样的调查。语言学的前途将以这些调查和这些调查所用的严格方法为转移。

附一

法国语言学家梅耶和他的业绩

岑麒祥

一

安杜恩·梅耶（Antoine Meillet）是19世纪末20世纪初继布雷阿尔（M. Bréal）和索绪尔（F. de Saussure）之后法国最有威望，影响最深远的语言学家。1866年出生于木兰（Moulins）一个法律界人士的家庭。他的父亲是歇尔区（Cher）夏托·梅扬（Château-Meillant）地方的公证人员。他的童年就在这里度过。1877年丧母，才跟随他的父亲迁返故乡念中学。当时法国中等教育采取古典中学（lycée）和实用中学（collège）双轨制。古典中学偏重古代语文和人文科学的教学，实用中学偏重现代语文和科技的锻炼。梅耶进的是班维尔古典中学（Lycée Banville），勤苦攻读古希腊文、拉丁文和各种人文科学，成绩优异。

1884 年到巴黎在路易古典中学继续念了一年就分别到巴黎大学文学院索尔滂（Sorbonne）和高等研究学院（l'Ecole des Hautes E'tudes）注册听课。1886 年开始听索绪尔的课，同时到法兰西学院（Collège de France）听布雷阿尔的语义学，先后学习了梵语、伊朗语、爱尔兰语、罗曼族语言和斯拉夫族语言等。1887 年考得硕士（licencié）学位，1889 年考得语法教授资格（agrégé de grammaire）文凭，被接受为巴黎语言学会会员，当了四年秘书，对学会建设多所建树，使会务得到了很大发展。1889—1890 年索绪尔因病请假，由他代课。1891 年到高加索小住，使他对东部印欧系语言得到了许多实际知识，特别是对亚尔明尼亚语有了深刻认识，1902 年和 1906 年就在东方语言学院（l'Ecole des Langues orientales）教过这种语言。1891 年索绪尔离法到日内瓦大学任教，他开始在高等研究学院讲授比较语法，并在 1894 年起讲授印度语和伊朗语。1897 年考得文科博士学位，1905 年被正式任命为法兰西学院比较语法教授。1928 年第一届语言学家国际会议在海牙开会，他在那里结识了各国的许多语言学家，并在会场上起了很大作用。晚年患半身不遂病，双目几乎完全失明，但仍坚持按时到法兰西学院授课，直到 1932 年才正式引退。1936 年在夏托 · 梅扬逝世，终年 70 岁。

二

梅耶毕生从事语言教学研究工作。他自 1877 年在木兰班维尔古典中学开始攻读古希腊文和拉丁文，直到 1936 年在夏托 · 梅扬逝世这五十多年期间，学习了许多印欧系语言和方言，其中包括梵语、禅德语（Zend，一种古波斯语）以及日耳曼族语言、斯拉夫族语言和亚尔明尼亚语等等。每学习一种新的现代语言，必定采用卢斯洛（Jean-Pierre Rousselot）所创拟的实验语音学方法，用录音器准确地记录有关语言的发音，然后仔细揣摩，直到熟练地掌握它的语音系统为止。什么时候学习哪种语言或方言，都是有计划地进行的。他不独自己这样做，而且劝告他的学生也采取分工合作的办法。例如房德里耶斯（J. Vendryès）之于克勒特语，柯恩（M. Cohen）之于阿拉伯语，都是由他代为设计的。戈提约（R. Gauthiot）是一个芬兰乌戈尔族语言专家。自他死后，这一族语言在法国已成绝响，梅耶就劝索瓦硕（A. Sauvageot）去努力填补他的空缺。这些都是为整个国家的计划着想的。

梅耶自担任教席以后，就几乎把他的全部精神都灌注到语言学教学上去。每天必依时到校，有课上课，没有课就坐在他的办公室里向他的学生传道解惑，从来没有无故空缺过一次。晚年患有重病，身体虚弱，步履维艰，也必由他的夫人搀扶进来，站在讲坛上闭着眼睛一讲就是几个小时，毫无倦容。所举例子多极恰当，谁也不知他究竟通晓多少种语言。他在学术思想上爱憎分明，从来没有因个人私利而替任何具有错误观点的人献媚捧场，也从来没有忽视学术上的哪怕一点小小的成就。第一次世界大战结束后，法国学术界有一段时间掀起了一股无原则的民族沙文主义思想，对德国的一切乱加砍伐，梅耶极不以为然。他认为多年来德国学术界对许多知识部门都曾做出很大贡献。德国的扩张主义者都是不学无术的，德国在学术上的成就绝不是这班暴徒所能建树的，绝不能不分皂白地予以抹杀。

梅耶每年担任指导的门生为数并不很多，但是不管什么人，凡向他请求的，他无不悉心加以指点。例如马迪内（A. Martinet）的博士论文《日耳曼族语言中来源于表情的叠辅音》（La gémination consonantique d'origine expressive dans les langues germaniques）并不是由他指导的，但是马迪内请他阅读时，他却提出了许多很宝贵的意见并大加赞赏。可惜等到马迪内正式提出论文准备答辩时，他的这位不挂名的导师却已于一年多以前遽归道山了。梅耶在生时无异成了西欧语言学界的泰斗，不独法国的许多有名的语言学家如俄尔奴（Ernout）、戈提约（Gauthiot）、房德里耶斯（Vendryès）、格拉蒙（Grammont）、善特棱（Chantraine）、班维尼斯特（Benveniste）、柯恩（Cohen）、索瓦硕（Sauvageot）、勒勋纳（Lejeune）、马迪内（Martinet）等都是他一手培养提拔的门生或学友，好些外国著名的语言学专家如波兰的库里洛维齐（Kurylowicz）、罗马尼亚的格拉乌尔（Graur）、挪威的宋墨费尔特（Sommerfelt）、丹麦的叶尔姆斯列夫（Hjelmslev）和布龙达尔（Bröndal）、意大利的德沃托（Devoto）等人，都曾亲炙过他的教益。他对各方面的影响是很深远的。

三

梅耶的著作大致分为两大类：（一）属于历史比较语言学的，（二）属于历史语言学和普通语言学的。其中以属于第一类的占绝大多数。

梅耶的关于历史比较语言学的著作，在好些方面仍遵守着 19 世纪初德国早期语言学家和新语法学派所制定的比较原则，即根据各种语言的对应规律去确定它们的亲属关系和发展过程，并且运用得很有效，可是在语言的比较研究中，无论是语音方面、形态方面还是词源方面，都坚决废弃了他们那种只根据有关语言系统中的个别孤立事实进行比较的办法。他强调要确定语言的亲属关系，必须就整个系统进行比较才能重建它们所从来的“共同语”（即基础语）的状态。由于语言演变十分复杂，所重建出来的也只是“共同语”的一些对应的系统，而不可能把那“原始共同语”原原本本地构拟出来。他认为各种语言的发展和演变与它们在历史上、文化上和社会上的环境有极其密切的联系，绝不能像语言学上的进化论者如德国的施莱歇尔（Schleicher）那样，把语言看作脱离社会而独立发展以至死亡的生物学上的有机体。

梅耶的有关历史比较语言学的著作很多，其中大致可以分为如下的几个类型：

（一）关于个别古代语言的历史的。如 1923 年写的《希腊语史一瞥》（*Aperçu d'une histoire de la langue grecque*），1928 年写的《拉丁语史概要》（*Esquisse d'une histoire de la langue latine*）。1932 年他还和俄尔奴合作编写过一本《拉丁语词源词典》（*Dictionnaire étymologique de la langue latine*），极为西方语言学界所重视。

（二）关于个别语族语言研究的。如 1916 年写的《日耳曼族语言的一般特性》（*Caractères généraux des langues germaniques*），1897 年写的《古斯拉夫语属格-宾格用法探讨》（*Recherches sur l'emploi du génitif-accusatif en vieux slave*），1902—1905 年写的《古斯拉夫语词源和词汇研究》（*Etude sur l'étymologie et le vocabulaire du vieux-slave*）以及《古波斯语语法》（*Grammaire du vieux perse*）等，都以材料丰富、考证精密著称，曾被译成世界上的许多种语言。

（三）关于整个印欧系语言及其方言的。如 1903 年写的《印欧系语言比较研究导论》（*Introduction à l'étude comparative des langues indo-européennes*）和 1908 年写的《印欧语方言》（*Les dialectes indo-européens*）等。《印欧系语言比较研究导论》一书是梅耶的一本非常重要的著作。它把作者一生的治学方法及其运用所得的结果都已包括在内，特别是其中“绪论”一章常被视为历史比较语言学中的经典之作。

1924 年，梅耶应挪威比较文化研究所的邀请，到克里斯底安尼亚（即今奥斯陆）作学术演讲，其后把讲稿整理成《历史语言学中的比较方法》（*La méthode comparative en linguistique historique*）一书在巴黎出版，内分“比较方法的定义”“共同语”“所用的证明”“共同时期和有史时期之间的语言发展”“方言”“语言地理”“混合语的概念”“语言变化的一般公式”“特殊的创新”和“新的精密的研究之必要性”等十章，简单扼要，深入浅出，深受读者的欢迎，被誉为“这一类为数不多的参考书中间的一本好书”，“至今仍然没有陈旧”，对我们用来了解梅耶的学术思想也很有用处。

（四）关于世界语言历史比较研究的总结。梅耶是西欧一个著名的印欧系语言专家。除总的印欧语以外他还研究了各语族和语支的语言，如日耳曼族语言、斯拉夫族语言、罗曼族语言、克勒特族语言等。1918 年他和德斯尼耶尔（Tesnière）合作写成一本《新欧洲语言》（*Les langues dans l'Europe nouvelle*），对欧洲各种语言的系属和使用人数等做了精密的研究和统计。1924 年，又把这些材料加上许多语言学家所写的材料跟柯恩合作编成一本大型的《世界语言》（*Les langues du monde*），材料十分丰富。全世界语言，除了一些亲属关系还没有研究清楚的，暂时按照地区加以分类以外，绝大多数都按照谱系排列，并举出各国语言学家所写资料和书目以供参考，直到现在还是一本很有用的著作。

四

关于历史语言学和普通语言学，梅耶从来没有写过任何一本大型的专著，可是早自 20 世纪初起，他就不断写过许多大大小小的论文刊登于巴黎《科学》（*Scientia*）、《巴黎语言学会会刊》（*Bulletin de la Société de Linguistique de Paris*）、《社会学年鉴》（*Année Sociologique*）和《哲学评论》（*Revue philosophique*）等刊物，直到 1921 年和 1938 年才先后由他的门生和学友把这些论文搜集起来分别编成《历史语言学和普通语言学》（*Linguistique historique et linguistique* générale）上下两卷在巴黎出版。这两卷论文集之所以用这个名称，是因为卷上里有一篇文章就叫做《历史语言学和普通语言学》。

这两卷论文集共收论文 42 篇：卷上 22 篇，卷下 20 篇。据卷上“绪言”所说，其中“有些是为大众而写的，有些是为对科学，比如对《科学》（*Scientia*）这份华丽的国际评论，怀有好奇心的广泛群众而写的，另外有些是为哲学家或社会学家而写的，可是差不多没有一篇是专为以语言学为专业的学者而写的”[1]。可见其性质和内容也并不是很单纯的。可是仔细分析起来，不管是否加以标明，如《普通语言学研究的当前状况》和《历史语言学和普通语言学》等等，归根结底总是脱离不了普通语言学的范围。

至于“普通语言学”这个名称，也不是梅耶所独创。他的前辈和老师布雷阿尔早就表示过要坚决反对把逻辑和用法国 17 世纪波尔·洛瓦雅尔（Port-Royal）普通唯理语法构成的语言学胡乱掺杂在一起，另一方面也不同意德国比较语法中的那些形而上学观点，但是他从来不拒绝在另一种认识论的基础上把语言中的最普通的规律加以综合以建立一种新的语言学。[2]

梅耶的普通语言学，其实就是从布雷阿尔的上述观点

1　Antoine Meillet, *Linguistique historique et linguistique générale*, Paris, 1948, p. VIII.

2　Georges Mounin, *Histoire de la linguistique*, pp. 218–219.

发展出来的。他认为要探讨语言的最普遍的“趋势”和最一般的特性，主要是属于历史方面的。那就特别要研究清楚语言发生变化的原因，并把这些原因汇合起来。这其实也是布雷阿尔有意识地建立起来的传统。梅耶就常喜欢援引他的一句名言：“我正在研究导致语言‘演变’的理智上的原因。”这些都是有迹可循的。

梅耶号称法国语言学界心理社会学派的重要人物。他的特点就是坚持强调语言变化中，特别是词义变化中，有关民族社会文化因素的巨大作用。往昔一般语文学家谈到词义的转变，经常只按照古典修辞学上的隐喻、换喻、提喻等范畴把它们分为意义的扩大、意义的缩小和意义的转移等几类，很少超出这个范围。1901—1905 年，瑞士语言学家卡尔·雅伯尔格（Karl Jaberg）连续发表了一系列关于法语词义演变研究的文章。梅耶受其启发，不久，在 1905—1906 年《社会学年鉴》上发表他那篇著名的论文《词怎样改变意义》（Comment les mots changent de sens），大大引起了人们的注意，使大家知道促使语言发生变化的因素虽然不止一种，但其中最根本的就是社会的不断发展。

梅耶是索绪尔的得意门生，1886 年在巴黎高等研究学院听过他的课，且在 1889—1890 年索绪尔因病请假期间曾给他代过课。其后两人的关系一直非常密切。1913 年索绪尔在日内瓦因病逝世，梅耶在 1913—1914 年《高等研究学院年报》上发表了一篇纪念文章，情谊恳切，读了令人非常感动。在这种情况下，梅耶在学业上受到索绪尔的影响是理所当然的，但是其中经过也不是很简单的。

梅耶在他那篇纪念文章里，对索绪尔的为人，他在做学问上的认真严肃以及在待人接物上的和蔼可亲的态度，是非常推崇的。在学业上，梅耶自己承认受索绪尔的影响最深的是把语言系统看作一个总体，其中一切都是互相联系着的。可是 1916 年他在一篇关于索绪尔《普通语言学教程》一书的报告中却又指责他的老师“太强调语言的系统方面以至忘却了语言中有人的存在”。可见他所受的影响也是有一定限度的。

至于“语言是一种社会事实”这句话，梅耶说过，索绪尔也一再说过，其间的关系又是怎样的呢？过去许多人认为，法国语言学中的心理社会学说最先是由索绪尔建立起来，然后由梅耶继承下来的。这其实不符合事实。有关文献证明，布雷阿尔 1867 年在法兰西学院开始演讲的演说辞中就曾指出过：“语言是一种社会事实。”[1] 梅耶自己 1930 年在《米舍尔·布雷阿尔和法兰西学院的比较语法》（Michel Bréal et la grammaire comparée au Collège de France）

1 Antoine Meillet, *Linguistique historique et linguistique générale*, Tome II, p. 223.

一文中也曾指出，他的老师早就已用过社会上人的生活来解释语言事实，并且认为“词汇事实反映文化事实”。[1]可见梅耶的关于语言的社会观点早已在布雷阿尔的熏陶下形成，不过直到1901年法国社会学家涂尔干（Durkheim）邀请他合编《社会学年鉴》以后才日益明显地具有理论性质罢了。再过两年到1903年，他在《普通语言学研究的当前状况》（L'état actuel des études de linguistique Générale）一文中就毅然毫不犹疑地断言“语言显然是一种社会事实”[2]，“普通语言学的伟大任务就是要确定一定的语言结构和什么样的社会相对应”[3]了。至于索绪尔，他早年在瑞士和德国读书，受新语法学派的影响甚深，直到1881—1891年到法国任教才逐渐摆脱德国新语法学派的影响，接受法国社会学派的教导，比梅耶的社会观点要晚得多。我们哪能说梅耶的语言社会观点是从索绪尔那里继承下来的呢？据最近发现，梅耶曾于1930年12月25日写信给特鲁别茨科依说他的语言社会概念的要点不是得之于索绪尔的。[4]这是完全可信的。

1 Antoine Meillet, *Linguistique historique et linguistique générale*, Tome II, p. 223.

2 Antoine Meillet, *Linguistique historique et linguistique générale*, Tome II, p. 223.

3 Antoine Meillet, *Linguistique historique et linguistique générale*, Tome II, p. 224.

4 Georges Mounin, *La linguistique du XXe siècle*, Paris, 1972, p. 43.

五

梅耶博闻强记，勤奋用功，有生之年，著作等身，其影响之大是世所罕见的。但是他所致力的多偏重于印欧系语言，对其他系的语言却比较生疏。因此在论述各种有关原理时，就往往在这些地方露出些漏洞来，为人所诟病。例如他在《历史语言学中的比较方法》中谈到语言亲属关系的证明时，特别强调形态繁复的作用，这本来是应该的。但是他接着说："反过来，远东的那些语言，如汉语和越南语，就差不多没有一点形态上的特点，所以语言学家想从形态的特点上找出一些与汉语或越南语的各种土语有亲属关系的语言，就无所凭借，而想根据汉语、藏语等后代语言构拟出一种'共同语'，是要遇到一些几乎无法克服的阻力的。"[1]这就未免言过其实了。事实上，汉语、越南语和藏语等的形态虽然比较简单，但还是有它们自己的特点的，加上它们的特殊的词素和词，要确定它们的亲属关系并不是无所凭借以至会遇到几乎无法克服的阻力的。

此外，梅耶因为过分强调历史比较法对于研究语言历史的巨大作用，竟然认为"一种语言只要是孤立的，就没

1 参看本书第 27 页。

有历史可言”[1]。他还举出欧洲的巴斯克语（Basque）为例断言，“如果我们想不出办法把巴斯克语拿来和某种别的语言对比，那就永远没有建立这种语言的历史的希望”[2]。这话其实也是说过头了的。

意大利语言学家朋芳德（Gíuliano Bonfante）1945 年在美国《词》（*Word*）杂志第 1 期上发表一篇文章指出过，一种语言哪怕完全没有亲属语言和它比较，也可以利用内部准则，即“内部重建法”（internal reconstruction）来确定它的发展。无论从语音观点看，还是从形态或语义观点看，都可以把一种语言的不同要素互相比较来判定其中哪一个是属于前一阶段的。马尔姆贝格（Bertil Malmberg）曾举出一个瑞典语的例子来证明。[3]他说，比方“给”这个词，瑞典语叫作 *giva*，*g* 念 [j]，而“礼物”叫作 *gav*，其中的 *g* 却念 [g]。可见在瑞典语里，同一个 [g] 音，在 *i* 之前变成了 [j]，而在 *a* 之前却没有变。[j] 显然是由 [g] 派生出来的。[4]这样的例子在各种语言里可以举出许多来。例如汉语的“干”古读“古寒切”，属“见”母“寒”韵字，“艰”古读“古闲切”，属“见”母“山”韵字，声母是相同的，都属“见”[k]

1　参看本书第 13 页。

2　参看本书第 13 页。

3　Bertil Malmberg, *Les nouvelles tendances de la linguistique*, Paris, 1972, p. 31.

4　Bertil. Malmberg, *Les nouvelles tendances de la linguistique*, Paris, 1972, p. 31.

母；可是“干”的声母“古”因与开口一等的“寒”韵相配，现在仍念 [k]，而“艰”的同一个声母因与开口二等的“山”韵相配，现在却变成了 [tɕ]，我们不需要和汉语的亲属语言或方言对比,也可以断定现代汉语“艰”字的声母 [tɕ] 是由古代汉语的 [k] 变来的。这些都是可以利用“内部重建法”得来的事实。诚然，欧洲的巴斯克语，直到现在大家还不知道它是属于哪个语系的语言,即梅耶所说的“孤立的”语言。可是近年来除用“内部重建法”研究清楚了它的某些要素的发展史以外，还有人发现西班牙语就有好些由它沉淀下来的底层。这些底层都可以提供一些历史上的资料，并不像梅耶所说是没有历史可言的。

总之，梅耶一生中对语言研究所做出的贡献是很大的。他在语言学史上所占的地位是很高的。以上所说的这些缺点或错误只不过是大瑜中的小瑕，“小瑕不足以掩大瑜”。在他的全部业绩中确实有许多东西是很值得我们学习和借鉴的。

附二

《历史语言学中的比较方法》评介

徐通锵　王洪君

梅耶毕生从事语言研究和语言教学工作，著述很多，其中大部分是历史语言学方面的著作。他先是研究斯拉夫语族的语言，著有《古斯拉夫语属格–宾格用法探讨》（1897）、《古斯拉夫语词源和词汇研究》（1902—1905）等。而后他逐步扩大研究范围，几乎涉及所有印欧系语言，著有《古典亚尔明尼亚语比较语法纲要》（1902）、《古波斯语语法》（1902—1905）、《日耳曼族语言的一般特性》（1916）、《希腊语史一瞥》（1923）、《拉丁语史概要》（1925）等著作。在历史比较语言学的著作中，最重要的首推1903年出版的《印欧语比较研究导论》。在这部著作中，梅耶具体地分析了印欧系各语言之间的相互关系以及这些语言与原始印欧语之间的相互关系，提出语言分化的理论，认为从同一语言分化出来的各个语言离开原始母语的语源中心越远，其受语源中心的变化的影响就越小，因而可以在这种语言中找到同源诸语言中最古老的语言特征。这一论断在语言的比较研究中具有重要意义。1908 年发表的《印欧语方言》也是一部重要著作，书中把印欧系语言的目前的差异追溯到原始印欧语的方言差异。1924 年梅耶应邀到北欧的克里斯底安尼亚（Kristiania，现名奥斯陆 Oslo）的比较文化研究所作学术讲演，随后把讲稿整理成《历史语言学中的比较方法》一书。这本书的篇幅不大，但却是历史比较语言学的一部经典论著。它以通俗的语言深入浅出地论述了历史比较语言学中一些行之有效的理论、方法和原则。全书分十章：第一章，比较方法的定义；第二章，共同语；第三章，所用的证明；第四章，共同时期和有史时期之间的语言发展；第五章，方言；第六章，语言地理；第七章，混合语的概念；第八章，语言变化的一般公式；第九章，特殊的创新；第十章，新的精密的研究之必要性。根据各章所论述的内容，我们可以把它们分成四个部分：

第一部分：第一至四章着重讨论历史比较语言学的理论成就和局限，总结和确定历史比较法的一般方法论原则。

第二部分：第五至七章讨论方言研究、语言间的相互影响与语言史研究的关系。

第三部分：第八、九两章集中分析语言变化的一般公式和共同趋向，这有些类似现在所说的语言历时演变中的普遍现象（universals）。

第四部分：第十章突出对新的方法的追求和强调研究当前语言变化的重要性。

作者通过这些问题的讨论“想把那些可以而且应当在历史语言学中采用比较方法的条件准确地决定下来”（参见本书序第iii页）。所以，这本书是对历史语言学的一次科学的总结。

一 历史比较法的一般原则

历史语言学，从19世纪初期开始到梅耶写作《历史语言学中的比较方法》，已有一百多年的历史。它有辉煌的成就，也有失败的教训，到20世纪初期出现了一些混乱的情况。梅耶在序言中指出：“近年来，许多语言学家曾经提出一些证明得极坏的假设，所以我们更加有把这些方法加以考察的必要。新的词源研究做得很多，但是大多数连一点证明的迹象也看不出。目前大家对于保证词源的比较做得正确的那些条件还没有一致的意见，所以对这些词源研究做详细的批评是徒劳无功的。”（参见本书序第iii页）有鉴于此，梅耶对历史语言学中的比较方法进行了一次全面的讨论，借以准确地确定使用比较方法的条件。

第一章至第四章是全书的基础，研究历史比较法的一般原则以及它用于语言史研究的成效和局限。

任何方法都有自己的客观根据。历史比较法的客观根据，梅耶认为是语言符号音义结合的任意性和亲属语言之间的语音对应的规律性，如果以任意性为基础的语言符号之间表现出有规律的语音对应关系，那么就可以肯定，这绝非偶然，而是同源成分的分化。语音对应和语音相似是两回事。亚尔明尼亚语的 *erku*“二”和梵语的 *d(u)vā*“二”、拉丁语的 *duo*“二”，在语音形式上虽然有很大的差异，但是相互之间却有严格的对应关系：亚尔明尼亚语中其他一些以 *erk-* 起首的词也与欧洲一些语言中的 *dw-* 相对应。如，“怕”的词根在希腊语中为 *dwi-*，亚尔明尼亚语中为 *erki-*；“长久”在希腊语中为 *dwārón*，亚尔明尼亚语中为 *erkar*。因此，“二”的例子可以用来证明语言的同源关系。这个例子很典型，很有说服力，在梅耶分析语音对应关系时占有重要的地位。

语音对应关系既然是语言同源关系的证明，自然可以据此去构拟原始共同语。19 世纪 70 年代以前，共同语的构拟是历史比较语言学的一个研究重点，当时的大语言学家 A. 施莱歇尔（August Schleicher）曾用他所构拟的原始印欧语写了一篇《山羊和马》的寓言，认为这种构拟出来的语言就是原始印欧人所讲的语言。梅耶针对这种情况指出：“任何构拟都不能得出曾经说过的‘共同语’”，施莱歇尔的这种作法“是一种天才的大胆”，“用这种‘构拟’出来的语言来写成一篇文字，在他也是一个严重的错误”。（参见本书第 16—17 页）梅耶认为，构拟原始共同语的价值不是再现原始语的实际状况，而是可以将历史比较的成果用简单、明确的方式巩固在原始共同语的构拟之中，现代亲属语言的种种差异也可以通过构拟的共同语得到合理的解释。这种评论是正确的，它已成为历史比较法的一条基本原理。

要确定一种古代原始共同语的存在，梅耶认为“必须在所比较的语言中尽量找出这种古代语言的那些被保存下来的特性”（参见本书第 23 页）。他在第三章中从形态、语音、词汇三个方面来寻找这些特性，分析它们在历史比较研究中的价值。梅耶特别强调形态，认为它是“用来变化词、组合词以构成句子的全部规则，是语言中最稳固的方面”（参见本书第 23 页）。“一种形态繁杂的语言，包含着很多的特殊事实，它的亲属关系自然比较容易得到证明”；“只要碰到一种大家还不认识的印欧系语言，如最近发现的吐火罗语（Tokharien）或赫梯语（Hittite），我们略加考释就可以看出它的印欧语的特性”。（参见本书第 27 页）这是从形态丰富的印欧系语言的历史比较研究中总结出来的一条原则，对其他语系的研究不一定完全合适（见后面的分析）。

关于语音，亲属语言的语音系统的差别可以很大，但存在着有规则的对应，语言学家可以根据这种对应建立原始共同语。这样，就有可能“把一个古代的系统和新的系统互相对照”（参见本书第 31 页）。梅耶认为，从语言的纵向发展中找出语音发展的规律，可以为亲属语言之间的横向的对应关系进行音理的阐释。例如，亚尔明尼亚语的 *erku*“二”和其他印欧系语言如梵语的 *d(u)vā*、拉丁语的 *duo* 等的对应可以通过原始印欧语的 **dw-*，**dwu-* 得到合理的说明。这是语言发展的结果。首先，从原始印欧语到亚尔明尼亚语经历了一次重要音变：浊塞音 *d*，*g* 分别变为清塞音 *t*，*k*（于是有 **dw->*tw-*），这与日耳曼语辅音转移规律（一般称为“格里姆定律”，参看本书第 31 页的分析）一样。其次，*w* 前的舌尖塞音 *t* 由于受具有舌根作用的 *w* 的影响而变为 *k*（于是有 **tw->k-*，例如 *ko*［你的］与希腊语的 *twe* 对应）。*erku* 中的那个 *r* 是词中的 *k* 在古代的一个浊辅音的痕迹，因为如果是清音，发音时声带不颤动，前面就不可能增生一个浊音 *r*。随后，可能是由于这个 *r* 处于音节的开头而后面又紧跟着一个辅音 *k* 不好发音，因而就在 *r* 前加一个 *e* 而成为 *erk-*。*e* 的出现还可以从 *erku*“二”中的尾音 *u* 得到进一步的证明；从原始印欧语到亚尔明尼亚语，双音节词中的第二个音节的元音都已脱落，*erku* 中的 *u*（相当于古代的 **-o*，请比较荷马的 *dyō*，古斯拉夫语的 *dŭva*）之所以能够保存下来，是因为当双音节词的第二个音节的元音脱落时，这个词还不是双音节。这就是说，*erku* 中的 *e* 是后来增生的，不是原始印欧语固有的。语音对应关系得到音理上的这种合理的解释之后就具有巨大的说明力，使我们能够在歧异的语音中理出音变的规律，为同源关系的确定找出科学的根据。关于词汇方面的证明，梅耶强调同源词的确定要有语音和语义两方面的根据，即语音上要有严格的对应，语义上如果有分歧，必须能说明其具体的原因。只有从形态、语音、词汇这三方面得到证明，才可以确定语言的同源关系。第四章讨论原始共同语和有史时期的语言的发展，说明“同‘系’的语言就是这种‘共同语’在历史过程中所采取的各种形式”（参见本书第 45 页）。作者在这里指出历史比较法有两个明显的缺陷。第一，难以确定语言变化的绝对年代，因为各语言变化的速度有快有慢；变化往往是经过一个长时期的酝酿之后突然有个大的变动；分化后的同源语往往还有平行的创新。第二，比较法只能认识变化的结果，不能构拟过渡时期的所有的变化，因为过渡时期的丰富繁多的创新在演变完成后就消失了。这确实是历史比较法的两个严重的缺点，光靠改进比较的细节或技术，是难以克服的。

从第一章到第四章，梅耶为语言的历史比较研究勾画出了一个清楚的轮廓，它通过语音对应规律的研究确定语言的亲属关系，构拟原始共同语，分析语言从古到今的发展轨迹。这样，历史比较法的原则和使用条件就得到了明确的确定。不过这里还有几个问题需要提出来进行专门的讨论。

第一，历史比较法和书面文献资料之间的关系问题。梅耶认为："语言的历史绝不是只靠一些依照年代排列起来的文籍就能建立起来的"（参见本书第 8 页），"历代的文籍虽然提供前后各时代语言的情况，我们在文籍中也找不出语言的连续性"（参见本书第 10 页）。文籍不能"准确地记录口语的连续变化"（参见本书第 8 页），即使是其中反映变化的误写形式，也只有参照现代的活语言才能了解它的真正的价值；文籍中同时并存的形式，"也只有用比较的方法，才能够指出那些对以后的语言史有影响的形式"（参见本书第 9 页）。文籍作品间的差别，有时是个人风格的不同，有时是时代很接近的两种亲属语言的不同，而不一定是同一语言两个不同时期的见证。总之，在梅耶看来，只有对现代的活语言进行比较研究才能建立语言史。这种观点反映了 1870 年以后历史比较语言学的重要变化，研究热点由文献中的"字母转移规律"转向活的口语，这无疑是有重要的意义的。但是另一方面，关于书面文献在语言史研究中的价值，梅耶的否定似乎又过了头。在语言的有史时期的研究中，书面文献仍不失为一项重要的资料，它有确切的年代，可以弥补历史比较法的不足。在语言的历史比较研究中，不是要抛弃书面文献资料，而是要用现实的方言或亲属语言的差异对历史上流传下来的书面“死”材料作出“活”的解释。即使像使用方块汉字的汉语史的研究，也需要把方言的差异和历史上的书面材料结合起来，理出语言发展的规律。所以，书面文献在历史比较研究中仍有它的价值，不能置之不顾。

第二，关于历史比较法在语言历史研究中的价值问题。梅耶认为:“比较研究是语言学家用来建立语言史的唯一有效的工具”（参见本书第 12 页），比较方法“是建立语言史的唯一方法，因此，一种语言只要是孤立的，就没有历史可言”（参见本书第 13 页）。梅耶当时提出这样的论断是可以理解的，但今天看来，这一论断是不正确的。因为一些有开创性的语言学家已就一个语言系统内部的某些不规则现象进行了语言史的研究，并取得了成功。其中最有名的例子就是索绪尔关于原始印欧语的一个消失了的辅音的构拟。索绪尔发现印欧语以 *e* 为元音的多数词根的语音结构是 CeC（“C”代表辅音），例如 *bher-*（*bear*，承担），*gwem*（*come*，来），*Sed*（*Sit*，坐）。但是，有些很普通的词根的语音结构都只有一个辅音，例如 *ag-*（领导），*dhe-*（地方），*es-*（是）等。索绪尔认为这些只有一个辅音的词根的语音结构早期也是 CeC，只是其中的一个 C 后来消失了，这个消失的 C 大概是喉音（laryngeals）。这个假设到

1906年因赫梯语的发现而得到了证实。在汉语史的研究中，瑞典汉学家高本汉（Bernhard Karlgren）也已根据切韵音系内部结构的参差而进行上古音系的研究。[1] 这些研究都只使用了一种语言的材料，所用方法都不是历史比较法，只是当时还没有创造出一个正式的术语把这种方法提到方法论的高度来认识而已。随着结构语言学的发展，一些语言学家着眼于一种语言内部结构的参差，用结构分析法探索语言的发展，创造了内部拟测法（internal reconstruction）的新模型。这就把索绪尔、高本汉等人自发运用的方法提炼成语言史研究的一种重要方法，使历史比较法难以发挥效用的地方——找不到亲属语言的孤立的语言，也有了对付的方法。梅耶关于比较方法“是建立语言史的唯一方法”的论断在今天看来是带有一定的片面性的。

第三，历史比较法的适用范围问题。梅耶在三、七两章中都提到比较法不大适用于汉语等形态简单的语言，认为“一种形态简单的语言，只有一些一般的规则，如词的次序，要找出有力的证据就很不容易了……如汉语和越南语，就差不多没有一点形态上的特点，所以语言学家想从形态的特点上找出一些与汉语或越南语的各种土语有亲属关系的

1　参看徐通锵、叶蜚声：《历史比较法和〈切韵〉音系的研究》，《语文研究》1980年第1期；《内部拟测法和汉语上古音系的研究》，《语文研究》1981年第1期。

语言，就无所凭借，而想根据汉语、西藏语等后代语言拟构出一种‘共同语’，是要遇到一些几乎无法克服的阻力的”（参见本书第27—28页）。这涉及历史比较研究中一些重要的原则问题。我们认为，如前所述，历史比较法的客观根据是语言符号音义结合的任意性和语音对应的规律性。形态的相似并不是历史比较法的客观根据，它之所以在确定语言同源关系时有重要价值，是由于能够把它放入语音对应规律的框架去考察。梅耶也曾强调指出，形态方面的一般性事实，如属格范畴是用前置虚词还是用后置成分表示，是不能作为同源证据的。可以作为同源证据的只是那些形态的特殊规则，即具体用哪些语音去表现形态。如“他去”“他们去”在梵语中是*éti*，*yánti*，在古雅典希腊语中是*eisi*，*iāsi*，在拉丁语中是*it*，*eunt*。换句话说，所谓形态方面的特殊规则实际上就是在形态方面表现出来的语音对应规律。形态对应的价值在于，一个形式中“相对应的语音成分数目愈大，相符之点的偶然性的危险就愈小”（参见本书第37页）。如果说音节数目较少的词根间的相符还有出于偶然或借用的可能，那么多音节的一个同根词的数种形态间的相符就完全排除了这种可能，因而形态变化的相似性确实是历史比较的一根有用的拐杖。但是，这并不是说，缺乏形态变化的语言间的历史比较就无所凭借。这些语言虽然词根较短，增加了历史比较的困难，但语音对应规律这个客观根据并没有丧失。关键在于我们如何设法排除词根相符的偶然性或借用的可能，以发现可靠的词根语音对应规律，确定语言的亲属关系。总之，在我们看来，语音对应既然是历史比较法的基础，那么所有的证明材料，不管是语音的、词汇的还是形态的，都应纳入语音对应的框架去研究。遵循这样的原则，在汉语或越南语的语言亲属关系的研究中梅耶所说的“无法克服的阻力”应该是有办法克服的。

我们说语音对应关系在历史比较研究中是一条普遍适用的原则，但这并不是说，在不同语系的研究中可以生搬硬套同一种比较程序。具体方法还需要根据不同语系的特点进行一些必要的调整和改进。梅耶在序言中强调了这一点，他说：“那些在印欧语领域里得到了成绩的办法，并不是随便在什么地方都一样可以应用的。我们必须详细地考察我们所采用过的那些方法，看看它们是否合用，以及怎样才能够扩大它们的用途，并且把它们加以改变，以求适合新领域研究的需要，而不至于降低它们的严密性”（参见本书序第 iii 页）。汉藏语系有不同于印欧语系的特点：分化时间长，后代语差异大；没有相似的形态变化，词形较短；而且相互间的借用较多。如果我们不顾这些具体特点，照搬印欧系语音比较研究的方法和程序，直接对汉藏语系各现代语言（如汉语和藏语）进行比较，就很难区分借词和同源词，很难排除词根偶然相似的可能性，也就是说，很难找出语音对应的规律。自高本汉以来，有不少语言学家强调词族（word family）[1]研究的重要性。单个的词可以借用，而整个词族是不可能都被借用的。如果词族之间有语音对应关系，那就比较有把握说相互之间有同源关系。现在，汉藏系语言的历史比较研究似已开始这方面的探索。严学宭和董为光、曹广衢的《汉语和侗台语的亲缘关系》一文在这方面迈出了艰难的第一步。文章指出，汉语表示“黑色”“阴暗”意思的一组词“黔”[*gjəm]、“黯”[*ʔəm]、“黕”[*təm]、“黭黮”[*ʔəm dəm]和侗台语表示“黑”“阴暗”意思的一族词有语音对应关系。进行这种词族的对应比较研究，一是能选择可靠的、来源最早的比较材料，二是可以在语音语义方面“进行尽可能接近真实的复原”，三是可以排除借词的干扰。[2]如果这种探索获得成功，那么我们就可以对传统的历史比较法作出重要的补正和改进。不过这尚待我们的努力。

1 印欧系语言中词根相同的一组词构成一个词族。汉语中词族的确定比较麻烦。它大体上指意义相近、语音上存在有规律的语音交替的一组词。例如，小犬为“狗”，小熊、小虎为“豿”，小马为“驹”，小羊为“羔”，“狗、豿、驹、羔”组成一个词族；草木缺水为“枯”，江河缺水为“涸”“竭”，人缺水欲饮为“渴”，“枯、涸、竭、渴”组成一个词族。同一词族的词的语音今天听起来有相当大的差别，那是语音演变的结果。

2 参看董为光、曹广衢、严学宭：《汉语和侗台语的亲缘关系》，载日本 *Computational Analyses of Asian and African Languages*, March, 1984。

二　谱系树理论和波浪说

历史语言学中存在着两种对立的理论，即施莱歇尔的谱系树（family tree）理论和施密特（Johannes Schmidt）的波浪说(wave theory)。这两种理论曾展开了激烈的论争。面对着这种理论背景，梅耶避开论争，从每一个学派的理论中吸取合理的因素，加以提炼，把它们融为一体，借以改进历史比较法。从第五章到第七章，梅耶从不同的方面讨论了与此有关的一些问题。谱系树理论以语言的不断分化为前提，假定一个原始共同语经过一次突然的变故而分化为几个不同的语言，而这些语言以后又经历了同样的分化，直至形成现在世界上各种各样的语言。情况犹如下图。

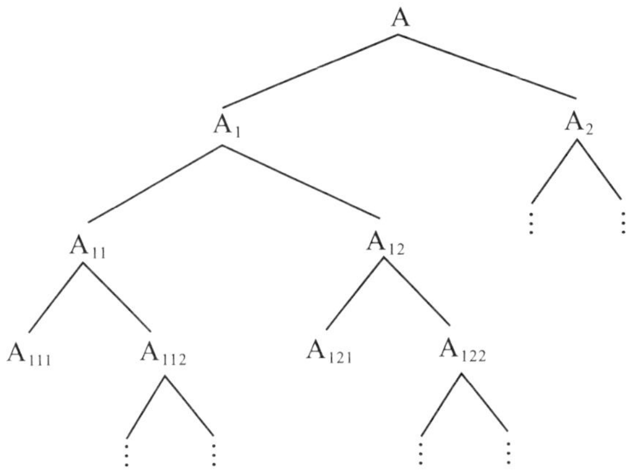

语言 A 分化为 A_1 和 A_2，A_1 后来又分化为 A_{11} 和 A_{12}，如此等等。历史比较法就是建立在这种语言理论基础上的一种方法。显然，这种理论把复杂的语言关系简单化了。波浪说对此提出了挑战，认为分化以前的原始共同语内部就有方言分歧，这些分歧的方言特点会像波浪一样向四面扩散，使不同的语言具有某些相同的特点；分化以后的语言也不是在真空里发展，相互之间也会产生影响。这种理论和方法一诞生，就与历史比较法处于尖锐的对立态中，因而人们一直把它们看成对立的理论和方法。其实，这两种理论与其说是对立的，还不如说是互相补充的。它们各有自己适用的范围：历史比较法着眼于语言在时间上的发展，波浪说则着眼于语言在空间上的扩散；历史比较法研究语言的纵向分化，波浪说则讨论语言间的横向的相互影响。所以，每一种理论都有它的价值。梅耶在第五章“方言”中具体分析了波浪说的一些问题，认为其中的某些精神有助于历史比较法的改进。他认为原始共同语不一定是一个内部一致的系统，可能有方言差别。是不是有方言差别，可以由现代语之间的差异类型来判断。如果一种语言现象在现代的各个语言中的差异表现为一系列渐变的阶梯，那多半是一种统一的语言在地域上的分化，现代罗曼系各语言（法、意、西、葡、罗）与拉丁语的关系大体上属于这种类型。如果有些语言特征在地域上的分布呈现断裂的、矛盾的、参差的特点，那就说明原始共同语有方言的差别。例如，根据一些词（例如表示“百”的意思的词）的词首辅音的发音，印欧系语言可以分为东西两群，西群读舌根音（如拉丁语的 *centem*），东群读咝音（如伊朗语的 *satem*）。这样日耳曼语就和希腊语、拉丁语等一样，属于西群（如英语的 *hundred*，*h* 为舌根音）。但是，如果根据 *o* 与 *a* 的分合，则亚尔明尼亚语、希腊语、意大利–克勒特语的 *o* 与 *a* 从分，而日耳曼语、波罗的语、斯拉夫语、印度–伊朗语却从合，这样，日耳曼语又应该属于东群。日耳曼语在语言特征的分布中处于一种矛盾的地位，说明原始印欧语内部有方言分歧。梅耶的这些分析说明，他在历史比较研究中已经吸取了波浪说的成果，克服了以往的一些简单化的倾向。

1870 年以后，历史语言学进入了一个新的时期，具体的标志就是青年语法学派的诞生。这个学派是由一批 30 岁上下的青年语言学家组成的，理论上的主要特点是强调对现实的活语言的研究；强调语音发展规律无例外，如果有例外也必有例外的规律，无法用语音规律解释的现象则认为是由类推作用造成的。其中，“语音规律无例外”是这一学派音变理论的精华。由于强调活语言的研究，而活语言中又存在着一些无法用语音规律解释的例外，一些语言学家转向方言的调查研究，想用没有受过外来影响的偏僻乡村的方言材料去证明“语音规律无例外”的理论。但是，事与愿违，方言中同样存在着大量不规则的例外。语言学家把这些现象画在地图上，这就产生了方言地理学，并提出“每一个词都有它自己的历史”的著名口号，想以此来反对青年语法学派的“语音规律无例外”的音变理论。梅耶经过仔细的考察，发现这两种对立的理论有异曲同工之妙，可以用方言地理学的理论和方法去改进历史比较的技术：“统计学的长处就在于能用图表来说明事实，使人一目了然。语言学家能够在一张地图上，或者在两三张可以拿来对比的地图上看到与一个问题有关的事实，解决这个问题的那些要领就一下都出现在眼前了”（参见本书第68页）。“这是因为比较方法在这些调查中找到了一个工具，比它以前所有的一切都更优越，并且恰巧适合于它的需要。我们第一次有了一整套可以拿来直接作比较的材料，分布在所研究的整个区域上，并且摆得清清楚楚的”（参见本书第68页），它使“比较方法得到了出乎我们意料之外的精密性、普遍性和便利性”（参见本书第73页）。这样，梅耶就使反对历史比较法的理论和方法在历史比较法这棵树上开花结果。不是站在语言研究发展思潮前列的人，是很难作出这种深刻的总结的。

“每一个词都有它自己的历史”的口号是方言地理学的理论旗帜。梅耶没有提到这个口号，但他显然反对这个口号。

在第六章的最后他说，如果孤立地研究一个词或者一小组词、一个形式或一小组形式而不考虑它们在系统中的地位，那是会葬送整个历史语言学的。这种批评是中肯的，有说服力的。

梅耶在第七章“混合语的概念”中分析了语言间的相互影响，集中讨论了两方面的问题。第一，有威信的书面语对地方土语的重要影响。例如，“既然法语和土语是同一语族的，所以它们固有的词汇之间有许多有规则的对应；使用地方土语的人按照这些对应，不难用一些法语词造成一些土语化的词,或者把一些法语的句法搬到土语里去”（参见本书第 77 页）。这是权威方言和土语之间的一种富有特征性的现象，值得把它纳入历史比较研究的框架进行一些具体的考察。第二，讨论了通常所说的语言融合问题，分析被征服而消亡的语言如何在胜利者的语言中留下被称为“底层”（substrat）的语言特征。这被不少语言学家用来解释方言的差别。这些分析可以使历史比较语言学家开阔视野，不至于被一些例外的现象干扰音变规律的研究。

谱系树说和波浪说，历史比较语言学和方言地理学是历史语言学中两种对立的理论，梅耶能够在对立中看到它们的内在联系，纳入历史比较研究的框架，这确实是对历史语言学的一项重大贡献。

三 历时演变的普遍现象

不同的语言虽然有不同的特点，但语言变化的方式却有许多共同的地方。比方说，就语音变化来说，各种语言都有如腭化、清化、唇化、鼻化之类的变化。为什么？因为不管是哪个民族的居民，也不管他居住在什么地方，生理上的发音器官大体上都是相同的。因此，不同的民族可以有类似的发音习惯，使语言依照同样的原则起变化。八、九两章中梅耶就是从这一角度去分析语言的发展的。他先从具体语言的研究中总结出语音和形态两方面的一般性发展规律，如语音方面有：前高元音 *i*、*y*、*e* 之前的舌根辅音容易腭化，非重读音节的元音趋向于央化或高化；形态方面的屈折形式有趋于消失的倾向，虚拟式的功用逐渐缩小，等等。他比较了语音和形态两种现象的发展规律的异同，指出“在形态方面，发生的事情并没有语音方面那么严格，形态是古代残迹的领域”（参见本书第 94—95 页）。这是因为，音变的一般类型是受生理条件约束的，因而可以确定一些适用于一切语言的一般演变规律，而形态方面不具备这样的条件。

在八、九两章的分析中梅耶摆脱了对语言现象的孤立考察而着眼于系统，注意音变现象之间的内在联系，力图进一步做出因果性、规律性的解释。例如，从拉丁语到法语，前后元音的发展是平行、对称的 $\left(\begin{matrix}\bar{o}\\ \breve{u}\end{matrix}\Big\rangle o \quad \begin{matrix}\bar{e}\\ \breve{\imath}\end{matrix}\Big\rangle e\right)$。再如，对于所有语言来说，如果音节的重读与非重读的区别在于音强，则非重读音节的元音趋于央化；如果区别在音长，则非重读音节的元音趋于高化。在当时的条件下，梅耶能够对音变现象之间的内在联系进行这种因果性的分析，实在是难能可贵的。在第九章“特殊的创新”中，梅耶还讨论了具体语言的特殊音系结构对于音变的制约。如拉丁语的 *i*、*u* 本来是前后平行、对称的一对高元音，后来又平行地发生辅音化趋向。但由于拉丁语的唇齿擦音有 *f* 而无 *v*，这一特点对 *i*、*u* 辅音化后的发展趋向产生了重大影响：*u* 不论在词首还是在词中的两元音之间均变为浊擦音 *v*，与音系中的 *f* 配对；而 *i* 在词首位置先变为 *dz*，进而变成 *j*，但在词内的元音之间则完全消失。这样，一对平行、对称的高元音产生了不平行、不对称的变化，可见音系的结构制约着具体音变的方向。用梅耶的话来说就是“趋势的统一性有时为特殊的情况所掩盖”（参见本书第 103 页）。从这些分析中可以看到，由索绪尔开创的，当时刚刚发展起来的语言系统理论和方法在八、九两章中已得到初步的运用，比 19 世纪孤立的“原子主义”研究前进了一步。

四　正在进行的变化的研究与历史语言学

第十章“新的精密的研究之必要性”，一方面对前几章的讨论进行了简单的小结，指出“特殊事实的对应和一般的趋势越不同，这些事实的对应就越有证明的价值”（参见本书第 109 页，如前述的亚尔明尼亚语的 *erku* 与其他印欧系语言有关形式的对应）；另一方面讨论历史语言学日后的发展方向：使研究精密化、系统化，并且扩大范围。新的领域包括：系统地研究儿童如何学习语言；细致地描写各种地方土语和语言在使用中的种种差异；共同语如何扩大自己的使用范围并取代土语；等等。这些问题集中到一点，就是要加强对当前正在进行的变化的研究。梅耶认为，这是历史语言学的一个非常薄弱的环节，“现有的理论，与其说是以经过选择的材料为基础，不如说是以一些不完备的、模糊的和偶然的材料为基础”（参见本书第 114 页）。要推进历史语言学的发展，要有扎实的材料作基础，就需要加强对正在进行的变化的研究。梅耶感到遗憾的是，对于这种正在进行的变化，“我们本来可以直接观察，然而很可惜，大家对正在发生的事却几乎睬也不睬”（参见本书第 117 页）。梅耶提出来的问题对语言史的研究非常重要，这说明梅耶的观察是很敏锐的。但是另一方面，对于什么是当前“正在进行的变化”，看来梅耶的认识还不很清晰。他主要着眼于儿童如何学习语言，共同语如何代替地方土语之类的变化，而忽略了语言系统中能够体现正在进行的变化的各种形式的变异；有些地方的提法也有毛病，如“我们所要观察的是变化的结果，而不是变化本身”（参见本书第 12 页）。我们指出这一点并不是要苛求于梅耶，而是想强调这一问题的考察在语言史研究中的重要性。梅耶当时没有对“正在进行的变化”作出合理的、科学的解释，这是可以理解的，因为语言研究的发展思潮还没有为观察语言系统中的种种变异准备好必要的条件。这个问题直到 1970 年前后才在语言理论上有比较明确的叙述。现在，历史语言学在这方面的研究已取得了一些可喜的进展。[1]

1　参看拉波夫等人的《语言演变理论的经验基础》（W. P. Lehmann, Y. Malkiel eds., *Directions for Historical Linguistics*, University of Texas Press, 1968, pp. 97–195）等文章；又见徐通锵、王洪君:《说“变异”——山西祁县方言音系的特点及其对音变理论研究的启示》,《语言研究》1986 年第 1 期。

A. MEILLET
Professeur au Collège de France et à l'Ecole des Hautes Etudes
Membre de l'Institut

LA METHODE COMPARATIVE EN LINGUISTIQUE HISTORIQUE

PARIS
LIBRAIRIE HONORÉ CHAMPION, ÉDITEUR
7, QUAI MALAQUAIS (VIe)

1966

© Editions CHAMPION Paris. Reproduction et traduction, même partielles, interdites.
Tous droits réservés pour tous pays, y compris l'U. R. S. S. et les pays scandinaves.

INSTITUTTET
FOR SAMMENLIGNENDE
KULTURFORSKNING

SERIE A: FORFLESNINGER

II.

A. MEILLET:
LA MÉTHODE COMPARATIVE
EN LINGUISTIQUE
HISTORIQUE

OSLO 1925
H. ASCHEHOUG & CO. (W. NYGAARD)

LEIPZIG
OTTO HARRASSOWITZ

PARIS
HONORÉ CHAMPION

LONDON
WILLIAMS & NORGATE, LTD

CAMBRIDGE, MASS.
HARVARD UNIVERSITY PRESS

AVANT-PROPOS

Quand M. Alf Sommerfelt m'a annoncé l'intention qu'avait la grande institution nouvellement créée à Kristiania (maintenant Oslo), sur l'initiative de M. le professeur Fr. Stang, *Instituttet for Sammenlignende Kulturforskning,* de m'inviter à prendre part à la série de conférences qui devait marquer l'inauguration, j'ai aussitôt accepté avec joie.

Le jeune savant qui me faisait prévoir l'invitation avait travaillé durant plusieurs années — des années de la grande guerre — auprès des linguistes français. Il était devenu, pour tous les membres de notre petit groupe, un ami. J'étais heureux de le retrouver dans sa patrie où la linguistique lui doit tant, de pouvoir de nouveau, un peu de temps, travailler avec lui.

Et je me félicitais d'être associé aux débuts d'une institution dont les sciences de l'homme se promettent de grands résultats. On a beaucoup fait jusqu'ici avec les faits dont on dispose ; mais les matériaux qui se trouvent à la disposition des travailleurs ont été souvent exploités. Le moment est venu d'entreprendre de larges enquêtes systématiques qui fourniront un matériel nouveau et grâce auxquelles on pourra élargir et approfondir les théories actuellement admises. D'autre part, il importe de mettre en contact tous les savants qui s'occupent de l'homme et de ses civilisations à tous égards : une langue ne se comprend pas si l'on n'a pas une idée des conditions où vit la population qui l'emploie ; et l'on ne peut davantage comprendre vraiment une religion ou des usages sociaux sans connaître la langue des hommes qui pratiquent ces usages. L'unité du nouvel Institut exprime l'unité de l'objet qu'il étudie, à savoir l'homme. Il est à souhaiter que des organisations semblables soient fondées ailleurs et pourvues des larges ressources nécessaires aux enquêtes.

Du reste le sujet que, d'accord avec les organisateurs, j'ai choisi pour ces leçons est de ceux sur lesquels le moment est venu de réfléchir. Après une trentaine d'années où l'on a tiré des principes posés entre 1875 et 1880 les résultats qu'on en pouvait attendre, la linguistique historique est revenue à une période de fermentation. Des procédés nouveaux d'enquête ont apporté des résultats inattendus. Jamais on n'a fait pareil effort pour ramener à des « lois », à des « lois générales » même, tous les changements linguistiques, et jamais on n'a cherché à serrer d'aussi près les faits les plus particuliers, à pénétrer l'âme même des hommes chez qui se font les innovations. Des langues les plus anciennes où les changements ne nous apparaissent que réduits à des schémas jusqu'aux parlers actuels où les faits sont si concrets et si particuliers que le détail nous y dissimule les grandes tendances, on a observé des faits infiniment divers. La linguistique a pris contact avec toutes les disciplines voisines où l'on peut espérer trouver des explications. — Bien que trop lentement, l'étude historique des langues autres que les langues indo-européennes progresse ; mais les procédés qui ont réussi sur le domaine indo-européen ne sont pas partout également utilisables. Il faut réfléchir sur les méthodes employées, en examiner la légitimité, et voir comment on en pourrait étendre l'usage et les assouplir — sans en diminuer la rigueur — pour les conformer aux exigences des recherches sur des domaines nouveaux.

Il convient d'autant plus d'examiner les méthodes que, dans les derniers temps, beaucoup de linguistes ont avancé des hypothèses mal démontrées. Les nouvelles étymologies pullulent, et la plupart se présentent d'une manière telle qu'on n'en aperçoit pas même un commencement de démonstration. Il serait vain de les critiquer en détail tant qu'on n'est pas d'accord sur les conditions dont la réunion prouve la justesse d'un rapprochement étymologique. Pour qui admettra le bien fondé des principes exposés ici, une large part des hypothèses compliquées qui ont été faites sur le préindo-européen ou des étymologies indo-européennes qui ont été récemment avancées apparaîtra comme appelant à peine un examen. Bien que la discussion n'ait presque aucune place dans ces leçons, on y trouvera la critique implicite de beaucoup de travaux nouveaux qui ne satisfont pas aux exigences d'une méthode sévère.

On ne s'est pas proposé ici d'exposer des idées neuves, mais seulement de déterminer d'une manière précise les conditions où peut et doit s'employer en linguistique historique la méthode comparative. On s'estimera satisfait si le lecteur y trouve exactement marquées la valeur, mais aussi les limites de cette méthode.

Les idées développées ici n'ont été fixées par écrit

qu'après avoir été exposées oralement. Rédigées après avoir été faites, ces conférences tiennent compte d'observations qui ont été présentées à l'auteur, en particulier par M. Sommerfelt que je suis heureux de remercier.

Je souhaite — mais il serait chimérique d'espérer — que ces exposés trouvent auprès du public universel un accueil aussi indulgent et aussi bienveillant que celui qu'ils ont reçu à Kristiania.

Kristiania (Oslo), septembre 1924.

A. M.

I.

DEFINITION DE LA MÉTHODE COMPARATIVE.

Il y a deux manières différentes de pratiquer la comparaison : on peut comparer pour tirer de la comparaison soit des lois universelles soit des indications historiques. Ces deux types de comparaison, légitimes l'un et l'autre, diffèrent du tout au tout.

Il se rencontre partout dans le monde des contes d'animaux : les ressemblances entre les divers animaux et l'homme sont telles qu'il est naturel de prêter aux animaux des aventures comparables à celles qui arrivent aux hommes et d'exprimer par là des choses qu'il ne serait pas aussi facile de faire entendre directement. On peut comparer ces contes entre eux pour en définir les formes, les caractères, l'emploi, et pour faire ainsi une théorie générale des contes d'animaux. Les concordances que l'on constate résultent de l'unité générale de l'esprit humain, et les différences de la variété des types et des degrés de civilisation. On aboutit ainsi à s'instruire sur les caractères généraux de l'humanité, mais on n'apprend rien sur son histoire.

Si l'on examine, avec un jeune savant français, M. Dumézil, les mythes indo-européens relatifs à la boisson d'immortalité, on obtient des résultats tout autres. L'idée qu'il y aurait une boisson propre à conférer l'immortalité est trop naturelle pour être caractéristique. Mais, quand on rencontre, d'une manière plus ou moins complète, chez les divers peuples de langue indo-européenne, la légende d'une boisson d'immortalité fabriquée dans une cuve gigantesque, quand à cette légende se joint l'histoire d'une fausse fiancée, et le récit d'une lutte entre des dieux et des êtres démoniaques, il y a là un ensemble de faits singuliers qui n'ont pas en eux-mêmes de liens entre eux et dont la réunion ne saurait, par suite, être fortuite.

Si le sens à exprimer par la langue était lié par un lien naturel, lâche ou étroit, aux sons qui l'indiquent, c'est-à-dire si, par sa valeur propre, en dehors de la tradition, le signe linguistique évoquait en quelque manière une notion, le seul type de comparaison utilisable pour le linguiste serait le type général, et toute histoire des langues serait impossible.

Mais, en fait, le signe linguistique est arbitraire : il n'a de valeur qu'en vertu d'une tradition. Si l'on exprime en français l'unité par *un, une,* la dualité par *deux,* etc., ce n'est pas parce que les mots *un, une* — *deux* —, etc., ont par eux-mêmes un rapport quelconque avec l'unité, la dualité, etc., mais uniquement parce que tel est l'usage enseigné par ceux qui parlent à ceux qui apprennent à parler.

Seul, le caractère totalement arbitraire du signe rend possible la méthode comparative historique qui va être étudiée ici.

Soit les noms de nombre en français, en italien et en espagnol. On a une série :

FRANÇAIS	ITALIEN	ESPAGNOL
—	—	—
un, une	*uno, una*	*uno, una*
deux	*due*	*dos*
trois	*tre*	*tres*
quatre	*quattro*	*cuatro*
cinq	*cinque*	*cinco*
six	*sei*	*seis*
sept	*sette*	*siete*
huit	*otto*	*ocho*
neuf	*nuove*	*nueve*
dix	*dieci*	*dies*
vingt	*venti*	*veinte*
trente	*trenta*	*treinta*
quarante	*quaranta*	*cuarenta*
cent	*cento*	*ciento*

De pareilles concordances ne sauraient être accidentelles ; elles le sont d'autant moins que les différences d'une langue à l'autre se laissent ramener à des règles de correspondance définies : ainsi la différence entre *huit, otto* et *ocho* est grande au premier abord ; mais le fait qu'elle n'est pas accidentelle résulte de ce qu'il y a une série de correspondances semblables, ainsi fr. *nuit,* it. *notte,* esp. *noche,* ou fr. *cuit,* it. *cotto* ; et l'on a de même fr. *lait,* it. *latte,* esp. *leche* ; fr. *fait,* it. *fatto,* esp. *hecho* ; etc. Les concordances évidentes dès l'abord montrent la voie à suivre. Mais ce sont les règles de correspondances phonétiques qui seules permettent d'en tirer parti.

Là où les ressemblances visibles ont indiqué la bonne voie, il arrive souvent que tel détail *singulier* apporte une confirmation. Il est significatif par exemple qu'il y ait une distinction du masculin et du féminin pour *un, une* et pas pour les autres nombres.

On est donc conduit à poser que les noms de nombre du français, de l'italien et de l'espagnol remontent à une seule et même tradition originelle. En pareil cas, l'expérience montre qu'il y a deux types de tradition possibles : les trois groupes considérés peuvent remonter à une origine commune, ou bien deux des trois peuvent avoir emprunté les formes de l'autre. En l'espèce, la seconde hypothèse est exclue, parce qu'on ne saurait expliquer les formes d'aucune des trois langues par celles d'une autre. Ni le fr. *huit* ne peut sortir de it. *otto* ou de esp. *ocho,* ni it. *otto* de fr. *huit* ou de esp. *ocho,* ni esp. *ocho* de fr. *huit* ou de it. *otto*. Il est prouvé ainsi que les noms de nombre du français, de l'italien et de l'espagnol ont un point de départ commun qui n'est ni français, ni italien, ni espagnol.

Dans l'exemple choisi, les concordances sont si nombreuses, si complètes et les règles de correspondances si faciles à reconnaître, qu'elles sont propres à frapper immédiatement des profanes et qu'il n'y a pas besoin d'être linguiste pour en apercevoir la valeur probante. Les concordances sont moins frappantes et les règles de correspondances plus difficiles à déterminer si l'on observe des langues séparées par de plus grands intervalles dans l'espace et dans le temps, comme le sanskrit, le grec attique ancien, le latin et l'arménien classique :

	SKR.	GR. ATT.
« un »	*ékaḥ, ékā, ékam*	*hẽs, mia, hen*

LAT.	ARM.
ūnus, ūna, ūnum	*mi*

[là où il y a trois formes, l'une est celle du masculin, la seconde celle du féminin, la troisième celle du neutre ; l'arménien n'a pas de différences de genre grammatical.]

	SKR.	GR.	LAT.	ARM.
« deux »	*d(u)vā*	*dyo*	*duo*	*erku*

[on ne note ici que les formes du masculin, là où le genre est distingué ; de même pour « trois » et pour « quatre ».]

	SKR.	GR.	LAT.	ARM.
« trois »	*tráyaḥ*	*trēs*	*trēs*	*erekʿ*
« quatre »	*catvā́raḥ*	*téttares*	*quattuor*	*čorkʿ*
« cinq »	*páñca*	*pénte*	*quinque*	*hing*
« six »	*ṣáṭ*	*heks*	*sex*	*veç*
« sept »	*saptá*	*heptá*	*septem*	*ewtʿn*
« huit »	*áṣṭā*[1]	*óktō*	*octō*	*utʿn*
« neuf »	*náva*	*ennéa*	*nouem*	*inn*
« dix »	*dáça*	*déka*	*decem*	*tasn*

Si, réserve faite du nom de nombre « un », les correspondances entre le grec, le latin et même le sanskrit sont évidentes dans une large mesure, il n'en va pas de même de celles entre l'arménien et les autres langues.

1. Forme védique devant consonne, alternant avec *áṣṭāv* devant voyelle.

Mais il suffit d'examiner les faits arméniens de près pour que la valeur probante des concordances ressorte.

Ainsi arm. *erku* « deux » ne ressemble pas à lat. *duo*, etc. ; mais d'autres correspondances montrent que *erk-* peut répondre à **dw-* d'autres langues ; ainsi, de même que le grec a pour l'idée de « craindre » une racine *dwi-*, l'arménien a *erki-* (*erkiwł* « crainte »), et de même que le grec a pour dire « longtemps » un vieil adjectif *dwārón*, l'arménien a *erkar* « long » (v. ci-dessous, p. 31. La concordance se laisse donc ramener à une règle générale de correspondance : un ancien *dw-* aboutit à arm. *erk-*).

Au premier terme des composés, le grec a *dwi-*, et l'arménien *erki-*. Il y a donc un groupe de concordances singulières qui ne laisse aucun doute (voir ci-dessous, p. 107).

Les formes arméniennes *erek'* et *čork'* sont loin de gr. *trēs*, *téttares* ; mais elles se laissent, au moins en partie, expliquer par des correspondances semblables. Et, détail caractéristique, de même qu'en sanskrit et en grec, « trois » et « quatre » ont des formes casuelles d'un type ordinaire, les noms à partir de « cinq » sont invariables ; or, en arménien, « trois » et « quatre » ont des formes casuelles normales, et, en particulier, le *-k'* final est la marque du nominatif pluriel arménien, marque qui ne se retrouve pas aux autres cas.

Moins apparentes au premier coup d'œil que les concordances entre le français, l'italien et l'espagnol, les concordances des formes des noms de nombre en sanskrit, en grec, en latin et en arménien ne sont au fond pas moins certaines, on le voit.

Ces concordances, qui ne peuvent s'expliquer par des

emprunts d'une langue à l'autre, supposent une origine commune. Mais il reste à les interpréter d'une manière systématique : tel est l'objet de la linguistique historique comparative.

Le procédé dont on vient de voir le principe peut sembler compliqué, difficile à manier. Mais il n'y en a aucun autre pour faire l'histoire des langues.

Car l'histoire des langues ne se fait jamais au moyen d'une suite de textes rangés en ordre chronologique. Si le linguiste se sert de textes anciens, ce n'est que pour y observer des états de langue. Il va de soi que, pour toutes les langues anciennes, les faits se laissent observer seulement à l'aide des textes. C'est sur des documents écrits qu'on observe l'attique ou le gotique, l'arménien classique ou le vieux slave. Interprétés avec critique, ces documents donnent beaucoup, et l'on peut souvent avoir une notion précise de certains états de langue anciens. Mais cette étude permet seulement de déterminer l'état d'une langue à un certain moment, dans certaines conditions. L'examen des textes n'est qu'un substitut de l'observation directe devenue impossible.

Même dans les meilleurs cas, la langue écrite est bien loin d'enregistrer exactement les changements successifs de la langue parlée. Souvent la langue écrite est fixée, et la forme qu'elle présente ne change presque pas d'un siècle à l'autre. Là même où elle n'est pas entièrement fixée, l'usage écrit est ordinairement dominé, dans une large mesure, par des formes antérieures — qui ne sont pas toujours connues.

Soit l'exemple classique du latin. Entre la langue écrite telle qu'on la trouve chez Plaute et celle qu'on trouve chez saint Augustin, il y a des différences de détail ; mais la graphie ne varie presque pas ; les formes grammaticales et le principal du vocabulaire demeurent les mêmes. Les philologues se sont donné beaucoup de mal pour trouver des différences entre les périodes du latin à date historique. Ils ont apporté à ces recherches toute la minutieuse précision qu'y peut mettre un grammairien. Et ils ont constaté en effet de menues différences ; mais, pour une assez large part, ces différences tiennent au genre littéraire : la comédie de Plaute, destinée au gros public, n'est pas comparable aux discours de Cicéron ni aux bulletins du puriste qu'était César. La langue de la poésie hellénisante n'est pas celle de la prose. Il y a aussi des différences d'un écrivain à l'autre. Mais, au fond, il n'a jamais été écrit et enseigné à l'école qu'un seul latin.

Du reste, entre les formes que livrent les textes écrits, seule la comparaison indique celles qui ont une valeur pour l'histoire ultérieure de la langue. Pour désigner l' « oreille », on trouve dans les textes écrits du latin *auris*, et aussi le dérivé *auricula*. Rien, dans les anciens textes latins, n'avertit que l'une ou l'autre de ces formes doive prévaloir sur l'autre ; *auris* est la forme courante. Or, c'est sur *auricula* que reposent les formes des langues romanes : fr. *oreille*, it. *orecchia*, esp. *oreja*. Seule, la comparaison du français, de l'italien, de l'espagnol, etc. renseigne sur la forme qui sert de base aux langues romanes.

D'autre part, la langue qui a survécu n'est pas celle qui s'écrivait. Entre le latin littéraire, qui est conservé par les textes des écrivains, et le latin parlé, que continuent les langues romanes, il y avait des différences, variables suivant les individus et suivant leur degré de culture. Or, les langues romanes ne continuent pas le latin littéraire. La « bouche » se nommait en latin écrit *ōs*; mais ce qui a subsisté, c'est le nom vulgaire *bucca*. Et ainsi dans une foule de cas.

Là même où des textes d'époques diverses fournissent des états de langue successifs, on n'observe pas une continuité. Les changements essentiels auxquels est dû le passage du type latin ancien au type roman ont eu lieu entre le latin écrit et les premiers monuments des langues romanes. Sans doute les gens qui ont écrit le latin du IIIe au Xe siècle ap. J. C. ont laissé échapper bien des formes qui ne sont pas correctes en latin ancien et qui sont dues à la langue déjà toute différente qu'ils parlaient; mais on ne peut apprécier la valeur de ces lapsus et y reconnaître des témoignages linguistiques que grâce à la connaissance des langues romanes. Les textes latins écrits depuis l'époque impériale jusqu'à l'époque carolingienne par des gens assez peu lettrés pour laisser échapper des fautes contre l'usage classique apportent des précisions, notamment dans la chronologie des faits, à la grammaire comparée des langues romanes; mais, si les lumières qu'ils projettent sont précieuses, c'est pour éclairer la comparaison; la comparaison venant à manquer, elles se perdraient dans le vide. Si les langues romanes étaient mortes avant d'avoir été notées, on apercevrait que le latin classique se corrompait; mais on ne pourrait faire aucune théorie précise et complète des changements accomplis. Tout l'essentiel des changements linguistiques a lieu hors de notre vue.

L'histoire du perse fournit un exemple plus remarquable encore. On connaît — d'une manière très incomplète, il est vrai — le perse à l'époque de Darius et de

Xerxès, grâce aux inscriptions monumentales de ces rois. Puis les témoignages manquent du ve siècle av. J.-C. jusqu'au IIIe siècle ap. J.-C. Alors on trouve le « pehlvi. »

Mais, d'abord, ce pehlvi n'est pas, comme on l'a cru jusqu'aux dernières années, la continuation du parler qui a été noté dans les inscriptions des souverains achéménides : ainsi que je l'ai indiqué moi-même et que M. Tedesco l'a démontré d'une manière plus précise et plus complète, le pehlvi des textes de l'époque sassanide, ancêtre du persan littéraire, présente quelques traits qui le distinguent du perse achéménide. On ne saurait donc dire que le linguiste possède ici la tradition d'une même langue ; il observe, à des dates différentes, deux parlers de types très voisins, mais non identiques.

En second lieu, entre le perse achéménide et le pehlvi sassanide, il y a une différence de développement aussi grande que celle qui sépare le latin ancien du roman. Entre les deux dates, la langue a changé de caractère. Comme sur le domaine latin, l'essentiel du changement s'est passé hors de la vue de l'historien. Le linguiste dispose de deux états de langue profondément distincts l'un de l'autre ; pour faire une histoire, il lui faut restituer l'entre-deux. La comparaison des divers parlers iraniens modernes aide à faire cette restitution ; mais elle ne fournit que des directions, non des témoignages positifs.

D'une manière générale, l'histoire des langues ne se fait donc qu'en comparant des états de langue les uns aux autres. Car les faits que fournit la succession des textes dans les cas exceptionnels où les gens qui écrivent ont suivi plus ou moins complètement l'usage de la langue parlée en leur temps sont presque toujours d'importance médiocre, le plus souvent insignifiants, par rapport aux grands faits qui ont eu lieu sans avoir été notés par personne. Pour déterminer les états de langue du passé, le linguiste doit se servir de la philologie la plus exacte, la plus précise : et chaque progrès dans la précision philologique permet un progrès nouveau pour le linguiste. Le contact de plus en plus étroit qui s'est heureusement établi entre philologues et comparatistes est nécessaire pour que le linguiste puisse utiliser tous les faits, des faits certains, et des faits observés avec la dernière précision. Mais, à elle seule, la philologie n'apporte même pas un commencement d'histoire linguistique.

La comparaison est le seul instrument efficace dont dispose le linguiste pour faire l'histoire des langues. On observe les résultats des changements, non les changements eux-mêmes. C'est donc seulement à l'aide de combinaisons qu'on suit — et qu'on peut suivre — le développement des langues.

Mais ces combinaisons sont, on le verra, rigoureuses et précises. Toutes reposent sur l'affirmation que certaines concordances données entre langues diverses ne s'expliquent pas par des traits communs à tous les hommes et requièrent l'hypothèse d'une tradition particulière.

Telle est l'essence de la méthode comparative. Pour apprécier la valeur probante d'une combinaison, il n'y a qu'à ne jamais perdre de vue ce caractère de la preuve.

II.

LES LANGUES COMMUNES.

De ce que la méthode comparative est la seule qui permette de faire l'histoire des langues il résulte que, tant qu'une langue est isolée, elle est dénuée d'histoire. Entre l'état du basque au XVIe siècle et l'état du basque aujourd'hui, il y a des différences ; mais les changements ne sont pas essentiels ; en substance, la langue est restée la même. Si donc on ne trouvait pas de moyen de rapprocher le basque de telle ou telle autre langue, il n'y aurait aucun espoir d'en faire jamais l'histoire. En revanche, si les essais faits — par M. Marr et M. Oštir, d'une part, par M. Trombetti, de l'autre, — pour rapprocher le basque d'un grand groupe de langues du bassin de la Méditerranée, et spécialement des langues caucasiques, aboutissent, le basque, sortant de son isolement, entrera dans l'histoire.

Pour tous les groupes actuellement établis et étudiés d'une manière méthodique, le moyen de faire le rapprochement est de poser une « langue commune » initiale (*Ursprache,* comme on dit en allemand). Ce n'est rien que de poser des rapprochements partiels : chaque fait linguistique fait partie d'un ensemble où tout se tient. Il ne faut pas rapprocher un fait de détail d'un autre fait de détail, mais un système linguistique d'un autre système. Sans doute il n'est pas toujours possible de restituer ainsi l'ensemble d'une langue par des procédés comparatifs ; on ne saurait même affirmer a priori qu'il faille, dans tous les cas, restituer une langue initiale unique — le problème des langues « mixtes » sera envisagé par la suite. Mais, là où elle aboutit pleinement, la comparaison aboutit à restituer une langue initiale.

Que vaut cette restitution ? Il n'est presque jamais possible de confronter la restitution avec une réalité connue. Mais il y a un cas où on le peut; c'est celui des langues romanes. Or, la langue commune à laquelle on est conduit par la comparaison des langues romanes ne fournit pas — tant s'en faut — tout ce qu'était le latin au moment où se sont séparées les unes des autres les langues qui continuent le latin. Si l'on ne savait du latin que ce qu'enseignent les langues romanes, on ignorerait par exemple l'ancien futur du type *amabo* ou du type *dicam, dices*. Et surtout on n'aurait aucune idée de la déclinaison : jusqu'au XIIIe siècle, les parlers gallo-romans distinguent, dans le masculin, un cas sujet d'un cas régime; les autres parlers romans n'offrent même pas cette distinction. Le substantif roman est, à chaque nombre, invariable partout dès la fin du XIIIe siècle. Or, à la date où s'est brisé l'Empire romain, la déclinaison subsistait et jouait encore un grand rôle. Si la comparaison fournit, à bien des égards, des données qui concordent avec la réalité attestée — ainsi pour la flexion verbale —, elle est donc loin de fournir le tout de la langue. — Certaines survivances, curieuses pour qui possède la forme ancienne, seraient inintelligibles pour le linguiste qui disposerait seulement de la comparaison : la nasale de fr. *rien* apparaît comme un reste de l'ancien accusatif quand on sait que l'accusatif latin était caractérisé par la désinence *-m* ; mais le romaniste qui utiliserait seulement la comparaison n'aurait aucun moyen d'y reconnaître un accusatif tel qu'était lat. *rem*. — La « restitution » fournit donc de la « langue commune » une idée incomplète, et sans doute très incomplète, le plus souvent.

C'est que les langues qui continuent une même « langue commune » n'en conservent pas seulement certains traits anciens. Longtemps, elles gardent une tendance à présenter des innovations ou identiques ou semblables, de telle sorte que certaines parties de la « langue commune » disparaissent partout sans laisser de traces, ou n'en laissent que d'impossibles à discerner si l'on ne connaît pas en fait la « langue commune ».

Dans toutes les langues romanes, la déclinaison des noms, qui était un élément si essentiel du latin ancien, s'est éliminée de bonne heure. L'élimination a eu lieu de manière indépendante dans chaque langue ; les parlers gallo-romans en portent témoignage puisque, après avoir conservé un reste de déclinaison sous forme d'opposition entre un cas sujet et un cas régime, ils ont à leur tour perdu dès la fin du XIIIe siècle cette survivance.

Partout dans les langues romanes, la nasale finale de l'ancien accusatif s'est amuie : le français n'a pas trace de la nasale finale de *terram* ou de *regem* dans ses formes *terre, roi*. Cette nasale ne s'est maintenue que dans le monosyllabe accentué *rem* qui a abouti à fr. *rien*.

Mais, si des innovations parallèles, graves et nombreuses, empêchent la restitution des comparatistes d'être complète, à beaucoup près, il y a, au fond de la restitution, une justesse. Ainsi la constance avec laquelle *-m* finale est notée dans l'orthographe latine classique ne donne pas une notion exacte de la réalité. Cette nasale finale se prononçait faiblement. Dans le latin le plus ancien, la graphie ne la note souvent pas. Pour les poètes, une *-m* finale n'empêche pas l'élision devant voyelle : en prosodie latine, *-am* de *terram* s'élide devant voyelle exactement comme *-a* de *terra*. L'absence de *-m* finale dans les langues romanes exprime la faiblesse de cette nasale en latin, faiblesse que la graphie classique du latin dissimule.

Du reste, pour qui se propose d'étudier les langues romanes, peu importent les traits du latin qui ont disparu sans retour. Ce qui pour lui est utile, ce sont les éléments qui ont servi à constituer les formes nouvelles prises par le latin. La restitution ne fournit pas le latin réel, tel qu'il se parlait ; et aucune restitution ne saurait fournir la « langue commune » telle qu'elle a été parlée. Ç'a été une hardiesse de génie, pour Schleicher, de « restituer » l'indo-européen à l'aide des langues de la famille historiquement attestées ; mais ç'a été, de sa part, une erreur grave que de composer un texte dans cette langue restituée. La comparaison apporte un système de rapprochements sur lequel on peut fonder l'histoire d'une famille de langues ; elle ne fournit pas une langue réelle, avec tous les moyens d'expression que comportait cette langue.

Entre la « langue commune » initiale restituée par comparaison et la langue attestée en fait, il peut s'intercaler une ou plusieurs « langues communes » intermédiaires. C'est ainsi que, entre l'indo-européen, d'une part, et les langues romanes, de l'autre, s'insère une grande « langue commune », le « roman commun », qu'on est convenu de nommer « latin vulgaire ». De même, entre l'indo-européen, d'une part, le gotique, le vieux haut allemand et le vieil anglais, le vieux norrois, de l'autre, il y a eu une « langue commune », le « germanique commun », langue non attestée en fait, mais dont l'existence est supposée par un ensemble d'innovations systématiques. Ces paliers facilitent beaucoup l'explication.

Si, pour expliquer les faits français, italiens, espagnols, portugais, roumains, les romanistes devaient remonter à l'indo-européen commun et ne possédaient pas le palier « roman commun », l'explication des faits resterait singulièrement incomplète, impossible le plus souvent.

Quand on ne dispose pas de pareils paliers, on rencontre de graves difficultés. C'est ce qui arrive aux romanistes quand ils sont en présence de parlers locaux gallo-romans ou italiens. Il n'y a pas eu de « gallo-roman commun », d' « italien commun ». On est donc réduit à comparer chaque parler gallo-roman ou italien au roman commun, sans intermédiaire. Ce n'est pas à dire que les parlers de la France du Nord, par exemple, n'aient pas entre eux beaucoup de traits communs dont les plus caractéristiques se retrouvent dans le français littéraire fondé sur le parler de Paris. Mais, depuis l'époque de séparation des parlers romans, chacun a son histoire propre. Les romanistes qui s'occupent des parlers gallo-romans et des parlers italiens se trouvent ainsi obligés soit à refaire pour chaque parler l'histoire entière du type auquel appartient le parler étudié, soit à employer des simplifications qui sont dans une certaine mesure arbitraires. Pour sortir de cette difficulté, il a été fait divers essais, notamment celui de M. Oscar Bloch sur les parlers d'une région des Vosges (celle de Remiremont). Quelque ingéniosité qu'on déploie pour éluder la difficulté, il n'est pas possible de s'en débarrasser tout à fait.

Quand on dispose de langues communes intermédiaires, l'explication des faits est beaucoup facilitée. Mais il n'est pas toujours possible d'en tirer complètement parti. Ainsi entre l'indo-européen et le latin, on sait qu'il y a eu deux périodes d'unité : une période italo-celtique et une période italique (l' « italique » ayant fourni le latin et l'osco-ombrien). Mais la période de communauté italo-celtique rend peu de services, parce qu'elle a été de trop courte durée pour entraîner des innovations nombreuses et profondes. Et la période de communauté italique n'en rend guère plus parce que l'osco-ombrien est connu de manière toute fragmentaire.

Pour chaque langue, le problème de la restitution de la « langue commune » initiale se pose d'une manière particulière. Il faut, en chaque cas, tirer parti des situations particulières qui se présentent.

« Langue commune » suppose civilisation commune. Car il n'y a en fait langue commune que là où un parler s'étend sur des domaines où il ne s'employait pas antérieurement. Il peut arriver que cette langue commune apportée par des conquérants ou des colons ne soit jamais acceptée par l'ancienne population indigène et que celle-ci émigre ou disparaisse : tel est en gros le cas de l'anglais dans l'Amérique du Nord. Il peut arriver aussi que les hommes qui apportent la langue nouvelle se croisent avec les indigènes et que, malgré le nombre minime des envahisseurs, les indigènes acceptent la langue nouvelle : tel est le cas de l'espagnol ou du portugais dans certaines parties de l'Amérique centrale et méridionale. Dans tous les cas, une langue ne s'étend que si elle est l'organe d'une civilisation douée de prestige. Et il arrive même que l'extension de la langue soit due tout entière au prestige d'une civilisation : la *koinè* ionienne-attique a remplacé tous les autres parlers grecs, parce qu'elle était l'organe de la civilisation hellénique par excellence.

Si le latin a été accepté dans toute la partie occidentale de l'Empire romain, c'est qu'il portait avec lui une civilisation supérieure à celle des peuples soumis par Rome. Dans la partie orientale de l'Empire, où le grec servait à une civilisation plus ancienne et, au point de vue intellectuel au moins, supérieure, le latin n'a pas gagné. En Gaule, l'aristocratie s'est mise à étudier le latin dès après la conquête, et dès les débuts de l'époque impériale, elle était de culture toute latine. Le gaulois n'a pas disparu pour cela ; le peuple en a longtemps encore gardé l'usage. Les artisans de la fabrique gauloise de poterie récemment explorée dans le Sud de la France se servaient encore du gaulois ; la grammaire qu'ils employaient était gauloise ; les noms de nombre étaient gaulois ; mais tout ce qui était de civilisation n'était déjà plus gaulois : les noms propres d'hommes ne sont pas gaulois ; les noms de vases fabriqués ne le sont pas non plus (voir à ce sujet les remarques de M. J. Vendryes, *Bulletin de la Société de linguistique*, XXV, p. 39 et suiv.). C'est le prestige d'une civilisation supérieure qui amène une population à changer de langue.

Cette supériorité n'est pas nécessairement d'ordre matériel. Elle peut consister en une organisation sociale particulièrement adaptée aux besoins d'une époque et d'une région données. Il n'y a pas de raison de croire que la nation dont l' « indo-européen commun » était la langue ait disposé de moyens matériels supérieurs à ceux de ses voisins, qu'elle ait par exemple été plus avancée pour l'agriculture ou pour le travail du métal. Ce qui caractérise les anciens peuples de langue indo-européenne, c'est le sens d'organisation sociale et la puissance d'initiative de leur aristocratie. Cette organisation ne comportait pas de pouvoir central. Chaque chef de famille était maître dans sa grande famille. Chaque chef de tribu était indépendant des autres. Tout au plus y avait-il des confédérations provisoires et instables. Partout où l'on observe les anciens peuples de langue indo-européenne, on voit des tribus autonomes et des familles où l'autorité est exercée par un *pater familias*. Chaque cité grecque est un petit État indépendant, de même que chaque groupe gaulois ou germanique. Dès qu'un chef se sent capable de grouper autour de lui des hommes entreprenants, il part pour quelque région où il puisse trouver le moyen de mener sa vie propre et autonome. La colonisation des rives de la Méditerranée par les anciens Grecs comme celle de l'Islande, de l'Angleterre, de la Normandie et jusqu'à la Sicile par les Vikings — S. Bugge, avec son intuition aiguë de la réalité, a déjà rapproché les deux mouvements — sont des exemples illustres de cet esprit d'indépendance et d'aventure. La nation indo-européenne se composait ainsi de petits groupes qui ont dû garder longtemps le sens de leur unité, et qui, même après le temps où l'unité générale du monde indo-européen était brisée, ont formé des nations du même type ayant aussi leur unité. Par exemple le groupe indo-iranien dont le nom indigène est *ărya-*, s'est étendu largement sur l'Asie : on l'aperçoit au XIIIe siècle en Cappadoce, et les Assyro-Babyloniens ont pris contact avec lui en Médie. La nation « aryenne » a poussé ses conquêtes très avant sur le plateau iranien, dans l'Inde, sur toute la rive méridionale de la mer Noire, et à l'Est jusqu'aux frontières de la Chine, où datant du début de l'ère chrétienne, il a été trouvé des textes sogdiens près de la grande muraille.

A se disperser ainsi et à porter des extrémités de l'Asie aux extrémités de l'Europe leur type d'organisation sociale avec leur langue, les peuples de langue indo-européenne ont perdu le sens de leur ancienne unité nationale et leur unité linguistique. Les nouveaux groupes qui se sont constitués sur chacun des domaines occupés ont perdu à leur tour leur unité. Le monde aryen, le monde germanique, le monde celtique se sont disloqués comme s'était disloqué le monde indo-européen. On est parvenu de cette manière au monde moderne où presque chaque pays a sa « langue commune », et où cette langue commune tend à effacer les parlers locaux. Il y a là un état de choses nouveau et qui n'est pas susceptible de durer à la longue : la multiplication des « langues communes » dans l'Europe d'aujourd'hui, en un temps où il y a au fond unité de civilisation matérielle et intellectuelle, est une anomalie.

Chacune des grandes « langues communes » du passé doit exprimer un type de civilisation. Et c'est pour cela que la plupart des langues du monde paraissent remonter à un nombre restreint de langues communes. Tant que les diverses grammaires comparées ne seront pas constituées, on ne pourra rien affirmer absolument. Mais, dès maintenant, on a notamment l'impression que toutes les langues nègres de l'Afrique reposent sur une même langue originelle. Il serait risqué de mettre les aires linguistiques en rapport exact, constant, régulier avec des aires de civilisation. Mais un rapport est certain. Et ce sera l'une des tâches de l'étude de l'homme dans l'avenir que de relier les langues communes aux aires de civilisation. Dès maintenant on entrevoit des concordances caractéristiques.

III.

DES PREUVES EMPLOYÉES.

Pour établir l'existence d'une ancienne langue commune, il faut retrouver dans les langues comparées les traits spécifiques de cette langue pour autant qu'ils se sont maintenus. Il y a donc à chercher comment se comportent les divers éléments de la langue; car ils ne se conservent pas également ni de la même manière. Toute langue comprend trois systèmes distincts qui sont liés les uns aux autres de certaines manières, mais qui sont susceptibles de varier en une large mesure indépendamment les uns des autres : la morphologie, le phonétisme et le vocabulaire.

La morphologie, c'est-à-dire l'ensemble des procédés par lesquels on modifie et on groupe les mots pour constituer des phrases, est ce qu'il y a de plus stable dans la langue. Mais il faut distinguer ici entre les procédés généraux et le détail des formes.

A les considérer d'une manière générale, les types morphologiques sont peu variés. La principale différence consiste en ceci que, dans certaines langues, les rapports entre les mots et les divers emplois des mots sont marqués par des formes spéciales qu'affectent les mots eux-mêmes, tandis que, dans d'autres langues, les rapports et les emplois sont marqués par des éléments additionnels, par des particules ou mots accessoires et par l'ordre des mots. Dans les premières langues, il y a, comme on dit, flexion. Cette distinction n'est du reste pas absolue, et il y a des mélanges des divers procédés à doses diverses.

Bien que l'usage fait de tel ou tel type se maintienne souvent très longtemps et laisse des traces alors même que le type tend à s'abolir dans l'ensemble, on ne peut guère faire usage de ces types généraux pour démontrer une « parenté de langues ». Car il arrive souvent que, avec le temps, le type tende à s'effacer plus ou moins complètement, ainsi qu'il ressort de l'histoire des langues indo-européennes.

L'indo-européen commun présentait de la manière la plus extrême le type qu'on nomme « flexionnel ». Tous les emplois des mots, tous les liens entre les mots se marquaient par des différences de la forme interne des mots. En sanskrit, où ce caractère de l' « indo-européen commun » est particulièrement bien conservé, « je suis » se dit *ásmi*, « ils sont » se dit *sánti*, « il a été » se dit *ā̆sa*, et ainsi de suite. Si le mot « père » est sujet, il est de la forme *pitā́* ; s'il est complément direct, il est de la forme *pitáram* ; et, s'il est complément de nom, il est de la forme *pitúḥ*. Les différences sont profondes, on le voit, entre les formes d'un même mot ; et c'est au moyen de ces différences que s'indique tout le rôle des mots. Jusqu'à présent, les langues de la famille indo-européenne même les plus évoluées ont gardé quelque chose de ce type ancien ; en français, par exemple, le substantif est devenu invariable (l'-*s* du pluriel est purement graphique) ; mais le verbe comporte encore une forte part de flexion :

la différence entre *aime* et *aimez*, *j'aimais* et *nous aimions* est caractéristique, et plus encore celle entre *je veux*, *nous voulons*, *je voudrais*, *j'ai voulu*, etc. Toutefois la structure générale du français actuel diffère absolument de celle qu'avait l'indo-européen. Et celle de l'anglais en diffère plus encore. Les langues romanes, la plupart des langues germaniques, les langues iraniennes ne méritent plus vraiment aujourd'hui le nom de « flexionnelles ». Et même les langues indo-européennes les plus conservatrices ont un type tout autre que l'indo-européen commun. Les structures des langues indo-européennes actuellement parlées sont très différentes de la structure qu'avait l'indo-européen commun et de plus très différentes entre elles. Dès lors, ce n'est pas à la structure générale qu'on reconnaît une langue indo-européenne.

La langue « indo-européenne » commune procédait par suffixation, c'est-à-dire que les éléments grammaticaux affixés à la partie du mot exprimant le sens étaient toujours postposés. Ainsi en latin, où cet usage s'est bien maintenu, la marque *-ēs* du nominatif et de l'accusatif pluriel et la marque *-um* du génitif pluriel sont postposées à *patr-* : *pat-rēs* « les pères », *patr-um* « des pères ». En français, au contraire, il tend à se constituer des préfixes. Le latin distinguait *amō*, *amās*, *amat* par la fin du mot. Le français distingue *j'aime*, *tu aimes* (avec *-s* purement graphique), *il aime*, par les éléments *je*, *tu*, *il* que la grammaire traditionnelle qualifie de « pronoms », mais qui n'ont pas d'existence autonome et qui sont actuellement de purs signes grammaticaux préposés. A cet égard encore, le français procède autrement que ne faisait l'indo-européen.

Ce n'est donc pas avec de pareils traits généraux de structure, sujets à changer du tout au tout en l'espace de quelques siècles, et du reste comportant seulement des variations peu nombreuses, qu'on peut établir des parentés de langue. Qui comparerait le latin où l'on a *liber Petri* ou *Petri liber* (les deux ordres sont possibles), c'est-à-dire où le rapport entre « Pierre » et « livre » est marqué par la forme *Petri* du nom dont le cas sujet est *Petrus,* le cas complément direct *Petrum,* etc., avec des variations de la fin du mot, et le français, où le rapport entre le nom et son complément est indiqué par la particule préposée *de* et par la place de *de Pierre* ne trouverait entre les procédés employés par les deux langues aucun trait commun.

Ce qui est probant pour établir la continuité entre une « langue commune » et une langue ultérieure, ce sont les procédés particuliers d'expression de la morphologie. Par exemple, il n'est pas rare que le rapport de dépendance entre deux substantifs soit exprimé par une particule soit préposée, comme fr. *de,* soit postposée comme angl. *-s.* Mais le fait que cette particule est de la forme *de* ou de la forme *-s* est caractéristique ; car n'importe quel autre phonème pourrait aussi bien indiquer le rapport, si la tradition n'en avait décidé autrement. Dès lors le fait que le rapport est marqué par *de* préposé au complément est un caractère distinctif d'un parler français, et le fait que le rapport est marqué par *-s* postposé au complément un caractère distinctif d'un parler anglais. — Il faut ajouter que l'emploi de *de* peut disparaître d'un parler français ou celui de *-s* d'un parler anglais sans que, pour cela, ces parlers cessent d'être français ou anglais. Seuls, les faits positifs ont une valeur probante.

Les faits singuliers de cette sorte sont souvent stables. La prononciation peut se transformer, le vocabulaire peut changer, alors que ces traits demeurent. Ainsi, dans les parlers actuels de la France du Nord, les formes locales des mots se modifient pour être conformées aux formes françaises, le vocabulaire se renouvelle, et l'on tend en général à parler suivant l'usage français commun. Ce qui subsiste en dernier lieu, ce sont des particularités locales de la morphologie, ainsi la marque du masculin et du féminin par *i dit, a dit,* là où le français commun a *il dit, elle dit.* Les faits particuliers de cette sorte sont appris dès l'enfance, ils deviennent des habitudes dont on ne prend pas conscience, et ils sont susceptibles de demeurer alors que tout le reste se modifie.

Dès lors une langue à morphologie touffue et complexe, comprenant un grand nombre de faits particuliers, se prête bien à la démonstration des parentés, tandis qu'une langue à morphologie simple, opérant surtout avec des procédés généraux tels que l'ordre des mots, rend malaisée la découverte de preuves valables. On n'a presque pas besoin de démontrer qu'une langue est indo-européenne : partout où l'on a trouvé une langue indo-européenne encore inconnue, le « tokharien » ou le « hittite » dans les derniers temps, le caractère indo-européen s'en est révélé dès le début du déchiffrement et de l'interprétation. Au contraire, les langues d'Extrême-Orient qui, comme le chinois ou l'annamite, n'offrent presque pas de particularités morphologiques, n'ont par là même rien où puisse se prendre le linguiste qui essaie de trouver des langues parentes aux parlers chinois ou aux parlers annamites; et la restitution d'une « langue commune » dont le chinois, le tibétain, etc., par exemple, seraient des formes postérieures, se heurte à des obstacles quasi invincibles.

Plus sont singuliers les faits dont on constate entre deux langues la concordance, et plus grande est la force probante de la concordance. Les formes anomales sont donc celles qui sont le plus propres à établir une « langue commune ».

Le fait que *il est, ils sont, je fus* du français concorde avec *est, sunt, fuī* du latin est de nature à faire apparaître que le français est une forme nouvelle prise par le latin. Des concordances comme *je veux, nous voulons, je voulus* avec *uolō, uolumus, uoluī,* ou comme *je dis, nous disons, dit* avec *dīcō, dīcimus, dictus* viennent confirmer la preuve. Les verbes « irréguliers » apportent ainsi à la démonstration des moyens de preuve en grand nombre.

L'adjectif confirme la démonstration. On y observe en effet la distinction d'un masculin et d'un féminin, dont l'emploi est arbitraire, quand elle ne dépend pas du sexe. Or, cette distinction dénuée de sens se trouve en français comme en latin : *veston neuf* et *veste neuve,* de même que le latin a *nouus, noua.* Il apparaît même dans certaines formes, l'article *la,* les adjectifs possessifs *ma, ta, sa,* que le féminin se caractérise parfois par *a* en français comme en latin.

Plus une langue comprend ainsi de catégories grammaticales non significatives ou de formes anomales, et plus la démonstration des parentés et la restitution d'une langue commune initiale sont faciles pour le linguiste.

La communauté initiale ne se reconnaît pas toujours à une conservation pure et simple ; elle se traduit souvent par des innovations divergentes. Ainsi l'indo-européen avait un certain type de flexion verbale de forme compliquée qui a tendu à s'éliminer partout; on en reconnaît la présence ancienne à des innovations qui sont diverses suivant les langues. Par exemple il y avait un présent de la forme **eiti* « il va », **y-enti* ou **iy-enti*, **y-onti* ou **iy-onti* « ils vont »; le sanskrit le garde sous la forme *éti, yánti*; le grec attique l'a, un peu plus altéré, dans *eisi, iāsi*; le latin, avec plus d'altération encore, dans *it, eunt*; le vieux lituanien a le singulier *eiti*; mais ces formes étaient trop singulières : le lituanien moderne a remplacé *eiti* par une formation de type nouveau, régulière en lituanien, *eina*; le slave a, dès le IXe siècle après J.-C., dans la langue des anciens traducteurs, *idetŭ* « il va », *idǫtŭ* « ils vont ». Les formes nouvelles du lituanien, *einu* « je vais », et du slave, *idǫ*, réfléchissent à leur manière la forme ancienne qui s'est éliminée.

Dans l'exemple cité, la forme ancienne est conservée par certaines langues, et l'on s'explique aisément l'innovation de certaines autres. Mais il arrive que la forme ancienne ne soit conservée nulle part, et ce n'est que l'absence de concordance de détail des formes rapprochées qui laisse supposer une forme singulière éliminée par la suite. Il a dû y avoir en indo-européen un présent de la forme **melәti* et **molәti* « il moud » avec une 3e personne du pluriel **m°lenti* et **m°lonti*. Cette flexion difficile à manier s'est éliminée partout. On en reconnaît néanmoins l'existence ancienne à ce que le slave a *meljetŭ*, le lituanien *malu* et le gotique *maliþ*, l'irlandais *melid* et les langues brittoniques toutes voisines une forme à vocalisme différent *mal-*, etc. Nulle part, les formes indo-européennes supposées ici ne sont conservées ; mais on les restitue par la connaissance qu'on a du système indo-européen et par les divergences observées entre les langues historiquement connues.

L'observation des faits singuliers ne dispense pas d'examiner l'ensemble de la morphologie. Toute morphologie constitue un système complet. D'après l'ensemble des concordances, il faut donc restituer le système de la « langue commune », dans la mesure du possible. Et, ceci fait, il faut voir comment à ce système s'opposent les systèmes morphologiques, souvent tout différents, on l'a vu, des langues en lesquelles la langue initiale s'est transformée. Les particularités sont le moyen décisif de preuve. Mais la démonstration n'est définitivement acquise que lorsqu'on a confronté système morphologique à système morphologique et qu'on a vu comment il est possible de passer du système initial aux systèmes ultérieurs.

On observe souvent alors que des caractères généraux du système ancien se maintiennent longtemps. Ainsi, en indo-européen commun, où chaque mot portait en lui-même la marque de son rôle dans la phrase, le nom se distinguait nettement du verbe. Or, encore aujourd'hui, dans les langues indo-européennes, la distinction du nom et du verbe est demeurée nette partout.

Le phonétisme comporte aussi la mise en présence d'un système ancien et de systèmes nouveaux, tous ces systèmes pouvant différer les uns des autres aussi profondément qu'il est imaginable.

Mais les différences d'un système à l'autre ne sont pas capricieuses. S'il est souvent impossible de reconnaître des correspondances régulières entre deux des langues issues d'un original commun, les correspondances entre la langue commune et chacune de ces langues obéissent à des règles fixes et qui se laissent exactement formuler. C'est ce que l'on appelle « lois phonétiques ».

A *p*, *t*, *k* de l'indo-européen répondent en germanique *f*, *þ*, *x* (d'où *h*) et, en certaines conditions, *ƀ*, *đ*, γ, à *b*, *d*, *g* de l'indo-européen, répondent germ. *p*, *t*, *k* ; à *bh*, *dh*, *gh* de l'indo-européen répondent germ. *b*, *d*, *g* (*ƀ*, *đ*, γ en position intervocalique). Ce système régulier de correspondances en germanique est ce que l'on appelle la « mutation consonantique », ou loi de Grimm (vue en grande partie par Rask, un peu avant Grimm, mais posée comme loi par Grimm). La régularité des correspondances entre la « langue commune » initiale et les langues ultérieures exprime le fait que les changements de la prononciation n'atteignent pas isolément tel ou tel mot, telle ou telle forme, mais qu'ils portent sur le système phonique même.

Du principe de la méthode, il résulte que des règles de correspondances peuvent être posées entre la langue initiale et chacune des langues qui la continuent, mais non entre les diverses langues continuant une même langue commune. On peut poser que *p* initial de l'indo-européen est représenté en grec et en sanskrit par *p*, en gotique par *f*, ainsi dans gr. *patḗr*, skr. *pitā́* et got. *fadar* « père », et que k^w initial de l'indo-européen devant *o* est représenté en grec par *p*, en sanskrit par *k* et en gotique par *hw*, ainsi gr. *póteros*, skr. *katarā́ḥ*, got. *hwaþar* « lequel des deux ». Les deux correspondances constatées en fait :

gr. *p* = skr. *p* = got. *f*
gr. *p* = skr. *k* = got. *hw*

ne sont intelligibles que par rapport à une forme indo-européenne commune supposée pour les expliquer.

Ce n'est pas avec des ressemblances de formes qu'on opère quand on compare des langues d'une même famille, mais uniquement avec des règles de correspondances. On a vu ci-dessus, p. 6, que le nom de nombre « deux » de l'arménien, qui est *erku*, répond à l'ancien **dwō* (ou **duwō*) de l'indo-européen. Cette correspondance semble au premier abord étrange. Mais il y a une règle générale en vertu de laquelle à *dw-* de l'indo-européen répond *erk-* de l'arménien. Car on connaît deux autres exemples de cette correspondance. L'indo-européen a eu une racine **dwei-* « craindre » qui est largement représentée en grec homérique par des formes verbales telles que **dedwoa* (noté *deidō*), *dedwoike* (noté *deidoike*) « je crains » ou nominales telles que **dweos* (noté *deos*) « crainte » ; l'arménien y répond par *erkiwł* « crainte », *erkeay* « j'ai craint ». Il y a eu un adjectif **dwāro-* « long », conservé notamment par le grec ; or, l'arménien a un adjectif *erkar* « long ». La règle est donc fondée sur trois rapprochements évidents. Si l'on pense au nombre restreint des mots indo-européens connus présentant l'initiale **dw-*, **duw-*, la coexistence de ces trois rapprochements apparaît probante.

La correspondance s'explique du reste. Le groupe de consonne dentale suivie de *w* aboutit en arménien à une gutturale : *tw-* est représenté par *k'-*, ainsi dans *k'o* « de toi », en face de formes telles que *twe* (d'où attique *se*) du grec. La sourde *k* provient de ce que, en arménien comme en germanique, il y a eu une mutation des anciennes occlusives sonores en sourdes : *d* passe à *t*, *g* à *k*. L'*r* qui précède est une trace de l'ancien caractère sonore de la consonne initiale du groupe (pour le détail de l'explication, voir M. Grammont, *Mémoires de la Soc. de ling.*, XX, p. 252), cette *r* a entraîné à son tour le développement de l'*e* initial qui figure dans *erku*. La présence de *-r-* à l'intérieur du mot a du reste suffi à empêcher le développement de *r* initiale : *kr-kin* est le mot qui signifie « double » (*krkin* repose sur un ancien **kir-kin* ou **kurkin*). Tout, dans la correspondance si étrange de arm. *erk-* avec **dw-*, résulte de la structure de l'arménien. Une correspondance qui ne s'expliquerait pas ainsi serait suspecte.

Dans des groupes de langues où l'on a de longues séries de rapprochements clairs et dont par suite l'appartenance à une même famille ne fait pas question, on peut utiliser des correspondances surprenantes, telles que celle de arm. *erk-* en face de **dw-*, **duw-* des autres langues du groupe, et l'on arrive à pouvoir poser arm. *erk(i)-* = lat. *bi-*, si bizarre que cela paraisse au premier abord. Il va de soi que l'on ne peut se servir de pareilles correspondances pour commencer à établir une communauté de langues. On est obligé de commencer par des rapprochements dont l'explication apparaît aisément.

La régularité des correspondances n'exclut pas l'existence de traitements particuliers. Dans la phrase, les mots se trouvent en des positions diverses, en des conditions diverses. La régularité des traitements provient souvent de ce qu'il s'est fixé une forme moyenne entre des cas divers suivant les positions dans la phrase. Mais il y a notamment des cas où des formes prononcées plus rapidement ou avec peu de soin sont plus usuelles que d'autres, et il résulte de là des traitements spéciaux des mots accessoires : une réduction comme celle de *hiu tagu*

« ce jour-ci » à *hiutu* (all. mod. *heute*) en vieux haut allemand n'entre dans aucune catégorie générale.

Ces phénomènes qui ne se ramènent pas à des formules générales ne font pas difficulté dans une langue dont l'histoire est connue et pour laquelle on possède des règles de correspondances bien établies. Il est superflu de noter que, dans une langue dont la théorie n'est pas établie de manière exacte, des faits aussi aberrants sont inutilisables et qu'il convient d'en faire provisoirement abstraction.

Quant au vocabulaire, c'est dans la langue l'élément de tous le plus instable. Les mots sont sujets à disparaître pour les raisons les plus variées ; ils sont remplacés par de nouveaux termes. Au vocabulaire indigène il peut s'adjoindre des mots nouveaux aussi et plus nombreux que les anciens : c'est ainsi que, au vocabulaire germanique de l'anglais, s'est superposé un élément latin et français aussi considérable que l'élément germanique. Il arrive même que tout le vocabulaire appartienne à un groupe autre que celui dont relève la morphologie : le tsigane arménien a une morphologie et une phonétique tout arméniennes et un vocabulaire tout tsigane.

Là même où ils subsistent, les mots sont susceptibles de changer si fort de valeur que, malgré l'ancienneté de leur forme, ils sont vraiment des mots nouveaux. Le nom indo-européen du chef de famille indo-européen, le **pəter-*, a subsisté en français ; c'est le mot *père*. Mais au lieu que le mot indo-européen désignait un rôle social, et qu'on pouvait qualifier de **pəter-* le dieu suprême, comme le plus grand des chefs de famille, le mot français désigne de plus en plus « celui qui engendre », et il passe au sens de lat. *genitor*, presque au sens de « mâle » : on dit d'un lapin mâle que c'est un *père*. Ainsi fr. *père* continue un mot indo-européen, mais avec une valeur si différente de la valeur indo-européenne que c'est en réalité un mot nouveau.

Malgré cette instabilité fréquente du vocabulaire, ce sont les concordances de vocabulaire qui frappent d'abord quand on rapproche des langues entre elles. Souvent même on ne dispose que du vocabulaire, soit que les langues envisagées soient mal connues et qu'on n'ait de témoignages que sur le vocabulaire, soit qu'il s'agisse de langues à grammaire très simple, comme en Extrême-Orient, soit que les morphologies qui ont subsisté se soient constituées trop tard, après la période de communauté supposée. Il importe donc beaucoup d'examiner comment peut se prouver une concordance de vocabulaire.

Il a été noté déjà que les rapprochements étymologiques valables ne se font jamais d'après des ressemblances de forme phonétique, mais seulement d'après des règles de correspondances : si l'on peut rapprocher arm. *erku* de russe *dva*, ce n'est pas que les deux formes se ressemblent : les formes phonétiques n'ont rien de commun ; c'est que les règles de correspondances permettent le rapprochement, *ō* de l'indo-européen aboutissant à *a* en slave, à *u* en arménien, et *duw-* de l'indo-européen aboutissant à *dv-* en russe, *erk-* en arménien.

Pour autant qu'elles ne s'expliquent pas par des conditions propres à tel ou tel mot, les irrégularités dans les correspondances dénoncent soit un emprunt à d'autres langues soit une étymologie à écarter. Un ancien *ca-* du latin est représenté en français par *cha-*, *che-*, *chè-*, ainsi dans *campum* donnant *champ*, *carrum* donnant *char*, *caballum* donnant *cheval, carum* donnant *cher*, etc. ; si donc on a *camp* en regard de *campum*, c'est que le mot n'appartient pas à la tradition ancienne du français ; en fait il vient de l'italien, et l'on sait en effet quand et pourquoi il a été « emprunté ». C'est un *b-* qui en germanique peut répondre à *f-* du latin ; on a par exemple en latin *flōs, flōris* et en allemand *blume* ; dès lors *feuer* de l'allemand n'a aucun rapport avec *feu* du français : il suffit d'ailleurs de penser aux correspondants romans de fr. *feu*, à savoir it. *fuoco*, esp. *fuego*, pour que la ressemblance de *feu* et de *feuer* s'efface. On ne fait donc des rapprochements qu'avec des formules précises de correspondances — et en prenant soin d'éviter ce qui est dû à des emprunts.

Il est malheureusement difficile de déterminer a priori ce qui a chance d'être indigène et ce qui a chance d'être emprunté. Les verbes et les adjectifs sont plus ordinairement indigènes que les substantifs : des verbes comme *vivre* et *mourir, venir* et *dormir* du français actuel sont encore des verbes indo-européens, et de même des adjectifs comme *vif, vieux, neuf*, etc. Néanmoins un verbe fort comme all. *schreiben* est emprunté à lat. *scrībere*. Inversement beaucoup de substantifs français tels que *pied, chien, veuve*, etc. sont indo-européens. — Le risque qu'un mot soit emprunté est toujours grand, et l'étymologiste, d'une langue ancienne ou récente, qui raisonne comme si les mots à expliquer avaient a priori toutes chances d'être indigènes s'expose à des erreurs fréquentes.

Là où il s'agit de mots remontant vraiment à la « langue commune », il faut restituer un mot de cette langue défini à tous égards, et ne pas se contenter de rapprocher de petits éléments radicaux. Et, comme les risques d'erreur sont grands, il est nécessaire de s'assurer, par des précisions, que les concordances observées ne sont pas fortuites.

Le premier point, sur lequel on est d'accord en fait sinon en principe, c'est qu'une étymologie est valable seulement si les règles de correspondance phonétique sont appliquées d'une manière exacte, ou, au cas où une divergence est admise, si cette divergence est expliquée par des circonstances particulières rigoureusement définies.

Il va de soi que la concordance risque d'autant moins d'être fortuite que le nombre des éléments phoniques qui se correspondent est plus grand.

Le hasard ne peut évidemment pas faire que « veuve » se dise *vidhávā* en sanskrit, *vĭdova* en slave, *widdewū* en vieux prussien, *widuwo* en gotique, *fedb* en irlandais, *uidua* en latin, étant donné que, par exemple, *f* de l'irlandais et *u-* (consonne) du latin répondent au *v* initial du sanskrit. La concordance de *w*, de *i*, de *dh* et de *u*, dans cet ordre, ne saurait être accidentelle. Entre les formes sanskrite, slave, prussienne, d'une part, et les formes germanique, irlandaise et sans doute latine, de l'autre, il y a, il est vrai, une différence : la présence d'une voyelle *e* (ou *o*) entre *dh* et *w* dans la première langue et l'absence de cette voyelle dans les autres ; cette différence ne fait pas difficulté ; car elle relève des alternances vocaliques connues de l'indo-européen.

Mais si, au lieu de comparer ainsi quatre éléments phoniques se correspondant exactement, on n'en compare que trois, la preuve est moins forte, pour devenir fragile si l'on dispose seulement de deux éléments concordants, et à peu près nulle si l'on dispose d'un seul.

Aussi les linguistes qui opèrent avec de petits éléments radicaux et qui même souvent analysent les racines pour ne plus rapprocher que des fragments de racines ruinent d'avance par là la démonstration qu'ils cherchent. Un rapprochement de mots complets ayant quelque étendue peut être sûr. Un rapprochement qui porte seulement sur une ou même deux consonnes radicales est sans valeur s'il n'est pas appuyé par des faits tout particuliers.

La concordance de sens doit être aussi exacte, aussi précise que la concordance de forme phonique (suivant les règles de correspondance). Ceci ne veut pas dire que les sens doivent coïncider plus que le phonétisme; seulement les divergences des sens, s'il y en a, doivent s'expliquer, non par des possibilités vagues et générales, mais par des circonstances particulières. Le fait que le fr. *ouaille* repose sur lat. *ouicula* n'est pas rendu douteux par le fait que, dans le français actuel, ce mot désigne seulement le fidèle du prêtre de telle ou telle église. Mais le rapprochement se justifie parce qu'on sait que les fidèles d'une église chrétienne sont couramment comparés à un troupeau que fait paître le pasteur de cette église. Dans les parlers locaux français, le mot *ouaille* se trouve du reste au sens de « brebis », ce qui achève de démontrer la correction de l'étymologie.

En matière d'étymologie indo-européenne, le fait que les mots ont des flexions variées fournit des confirmations décisives. Soit, par exemple, le mot qui signifie « mouton » (mâle ou femelle : l'indo-européen n'a pas de noms distincts pour les animaux suivant le sexe) : sanskrit *áviḥ*, grec *óis* (ainsi chez Homère), lat. *ouis*, lituanien *avis* ; la concordance de sens et de forme entre toutes ces langues est parfaite ; et, comme on arrive à restituer ainsi un mot bien défini par la forme phonique et par le sens, l'étymologie peut passer pour assurée déjà. Mais il s'ajoute encore ceci que les deux langues les plus anciennement attestées, celles qui par là sont propres à donner l'idée la plus juste de certains détails des faits indo-européens, ont une flexion de type particulier : le génitif-ablatif sanskrit *ávyaḥ* concorde exactement avec grec *οἰός*, qui repose sur **owyós*. Dans les autres langues, la flexion a été normalisée, ainsi qu'on l'attend. Mais le sanskrit et le grec fléchissent le mot de même. C'est une précision supplémentaire qui achève d'exclure le hasard et ajoute à la rigueur de la démonstration.

Quand on doit restituer une « langue commune » initiale, il y a lieu de tenir compte du nombre de témoignages qu'on a pour un mot donné. Une concordance de deux langues, si elle n'est pas totale, risque d'être fortuite. Mais, si la concordance s'étend à trois, quatre ou cinq langues bien distinctes, un hasard devient moins vraisemblable. Bien que *rādiy* « à cause de » du vieux perse et *radi* « à cause de » du slave ne se retrouvent pas ailleurs, on n'hésite pas à rapprocher les deux mots parce que forme, sens et détail de l'emploi concordent de tout point. A part un cas de ce genre, un rapprochement de mots trouvés dans deux langues indo-européennes seulement est suspect, à moins qu'on ne puisse reconnaître des conditions spéciales ayant déterminé l'élimination du mot dans les autres langues.

De quelque langue qu'il s'agisse, une étymologie ne peut passer pour prouvée que si un ensemble de concordances précises établit que les ressemblances des mots rapprochés ne peuvent être dues au hasard.

Tout mot n'a pas droit à une étymologie, comme on le

croirait parfois à parcourir les dictionnaires étymologiques. La règle de méthode est que seuls des faits positifs bien déterminés justifient un rapprochement : la preuve que le hasard est exclu est à la charge de l'étymologiste. Cette preuve peut être administrée de façons diverses suivant les langues et suivant les cas ; les conditions en varient d'une langue à l'autre, d'un mot à l'autre. Mais toujours il faut que les preuves soient précises, rigoureuses.

Aussi le nombre des bonnes étymologies est-il assez restreint, au moins pour les langues dont l'histoire n'est connue que par comparaison et où la méthode comparative ne trouve pas dans des séries de textes d'époques diverses l'appui de témoignages historiques précis. Quand on lit un manuel de grammaire comparée, on s'étonne d'abord de le trouver bâti sur un petit nombre de rapprochements. C'est qu'il y en a peu sur lesquels il soit permis de faire fond sans réserve.

Une langue comme l'indo-européen, où les mots sont le plus souvent au moins dissyllabiques ou trisyllabiques et où les flexions sont variées et complexes, se prête bien à des démonstrations étymologiques parfaites (on peut négliger les fantaisies, plus ou moins laborieuses, des linguistes qui se contentent à bon marché). De même le sémitique, avec ses racines qui comprennent normalement trois consonnes, permet des étymologies parfaites. Au contraire, les langues où les mots sont courts, souvent monosyllabiques, et ne comportent pas de flexions particulières, excluent, par leur structure, les démonstrations étymologiques rigoureuses. Il y aura là une méthode nouvelle à trouver si l'on veut parvenir à de véritables démonstrations.

On n'a envisagé ici que les étymologies faites par comparaison entre langues diverses et reportant à un mot de la langue commune initiale. Pour déterminer de quelle manière peut se faire l'histoire de tous les mots — ce qui est hors du cadre de ces conférences —, il faudrait une longue étude, et qui envisagerait des procédés de toutes sortes.

Par exemple, il y a des mots qui s'expliquent, à l'intérieur d'une langue donnée, par des procédés de formation propres à cette langue. Un nom comme *(w)érgon* « œuvre » du grec trouve une étymologie par le rapprochement avec *werk* de l'allemand et par l'observation que la forme de ce mot est normale en indo-européen, la racine se retrouvant du reste en arménien et en iranien. Mais, pour expliquer *órganon* « instrument » du grec, il faut envisager un suffixe courant qui a fourni au grec bien d'autres noms.

Il y a beaucoup de mots dont l'histoire ne s'explique que par des données de fait : ainsi *organum* du latin n'est explicable que si l'on sait que le vocabulaire technique du latin est en grande partie grec ou imité du grec. Et, si l'on a en français deux représentants de ce mot, *orgue* et *organe,* avec des sens qui n'ont rien de commun ; ceci résulte de conditions spéciales ; si ces conditions sont connues, c'est parce qu'il s'agit de faits ayant eu lieu durant des périodes historiques ; aucune méthode comparative ne permettrait de les découvrir.

En fait, la plus grande part de l'étymologie des mots échappe à la méthode comparative et relève de l'histoire faite à l'aide de témoignages. Là où les témoignages manquent, et où l'on ne peut suivre, en se servant de données positives et précises, les accidents survenus à un mot, il est le plus souvent vain d'essayer d'en donner une véritable étymologie.

Qu'il s'agisse de morphologie, de phonétique ou de vocabulaire, le principe qu'il ne faut jamais perdre de vue, c'est que les rapprochements valent seulement dans la mesure où ils sont soumis à des règles strictes. Plus le linguiste se donne de liberté, plus ses rapprochements comportent d'arbitraire, et plus ses démonstrations sont précaires. Par exemple, le linguiste qui interprète des noms propres d'un pays par des rapprochements avec un idiome supposé parent de celui qui avant un changement de langue se parlait dans ce pays joue un jeu dangereux. Si l'on est sûr de la langue qui se parlait anciennement et si l'on connaît bien des langues toutes proches de celle-ci, quelques explications de ce genre sont sûres : une localité gallo-romaine nommée *Brīua* (*Brive*) a certainement un nom gaulois parce qu'elle est en un point où un pont a dû toujours exister, que les langues celtiques conservées supposent un nom *brīwā* du « pont » et que le latin a pris la place du gaulois, langue sûrement celtique, dans le pays où est Brive. Mais il est risqué d'expliquer par un rapprochement avec des langues caucasiques tel nom de localité grecque, dans un cas où rien n'avertit des sons que doit avoir étymologiquement le nom propre envisagé, où les langues rapprochées ont une forme non identique et où aucune donnée historique ne prouve qu'il ait été parlé une langue prochement apparentée aux langues caucasiques. D'une manière générale, les étymologies de noms propres sont incertaines parce que, des deux données dont la concordance avec des faits d'autres langues établit la valeur, le sens et la forme phonique, on peut utiliser un seul : la forme phonique. Les linguistes qui s'intéressent surtout à l'étymologie des noms propres sont souvent des aventuriers de la linguistique, et peu nombreux sont ceux qui ont toutes les exigences de méthode qu'il faut.

IV.

DU DÉVELOPPEMENT LINGUISTIQUE ENTRE L'ÉPOQUE DE COMMUNAUTÉ ET L'ÉPOQUE HISTORIQUE.

La comparaison permet, dans la mesure indiquée, de « restituer » la « langue commune » dont les langues d'une même « famille » sont les formes prises au cours du temps. Mais il reste à se rendre compte de ce qui s'est passé entre l'époque de « communauté » et la date où les langues commencent d'être attestées en fait. Le problème est difficile, souvent insoluble.

Il va sans dire qu'on doit s'aider des périodes intermédiaires de communauté qu'il est possible soit de déterminer exactement soit d'apercevoir. On restreint ainsi, autant qu'on le peut, l'importance de l'intervalle entre la « langue commune » et les langues attestées. Mais, ainsi qu'on l'a vu, p. 16 et suiv., ces périodes de communauté n'existent pas toujours, ou, quand elles ont existé, il n'est pas toujours possible d'en tirer parti ou d'en tirer parti pour tous les faits. Même dans les meilleurs cas, l'hiatus entre la « langue commune » et les langues attestées reste grand, et les interpolations qu'on fait pour le combler comportent une large part d'inexactitude et d'arbitraire.

La considération des faits linguistiques ne suffit pas à fournir même un commencement de chronologie. Car la rapidité des changements linguistiques varie dans une mesure étendue. Certaines langues peuvent demeurer de longs siècles presque sans changer : connus depuis le XIIe siècle, les parlers turcs ont gardé depuis lors les mêmes traits essentiels, si bien que, quoique séparés les uns des autres depuis un millier d'années parfois, ils continuent d'être très pareils les uns aux autres. De l'histoire des parlers polynésiens, on sait peu de chose; mais ce qui est frappant, c'est que, malgré les grandes distances qui séparent les unes des autres les îles de la Polynésie, ces parlers sont demeurés presque identiques les uns aux autres. Les cas de ce genre ne sont pas rares : les langues de peuples peu civilisés ont souvent une grande stabilité.

La rapidité de renouvellement qu'on prête parfois aux langues de demi-civilisés s'explique, en partie au moins, par des usages relatifs au vocabulaire. Il arrive souvent que, chez les demi-civilisés, des mots soient frappés d'interdiction ; par exemple à la suite de la mort d'un individu, le mot qui figure dans son nom est souvent interdit. Dès lors, le voyageur qui a connu un vocabulaire donné, peut, s'il revient quelques années après, en trouver un autre différent sur bien des points. M. Thalbitzer a fait connaître, récemment, un cas de ce genre chez des Eskimo. Mais il ne résulte pas de là que le fonds de la langue change pour autant.

Ailleurs, au contraire, on trouve des changements rapides du système linguistique. Au IIIe, et même au Ve siècle ap. J.-C., le latin avait encore sans doute beaucoup de son caractère ancien, surtout à première vue. Au IXe siècle, les langues romanes présentaient déjà leurs traits essentiels ; et même, dès le VIe siècle, la façon dont les écrivains de l'époque mérovingienne écrivent le latin indique souvent que les principaux changements étaient réalisés ou près de l'être. De même le changement assez profond qui, de l'arménien ancien, a fait l'arménien moderne s'est réalisé entre le Ve siècle au plus tôt et le Xe au plus tard ; depuis lors il n'y a plus eu en arménien de changement aussi profond. Au VIe siècle av. J.-C., le perse avait encore un aspect archaïque ; au Ier siècle de notre ère, il avait déjà un aspect moderne, et il n'a subi depuis lors aucun changement dont l'importance soit comparable.

Le temps n'est donc que l'une des conditions d'où dépend l'importance des changements. Ni un bon état de conservation de l'usage ancien ne prouve que le temps écoulé depuis la rupture de la communauté initiale soit bref, ni un renouvellement étendu des formes ne suppose un long intervalle de temps. Et, comme les faits linguistiques ne fournissent pas d'autre indice, on ne saurait le plus souvent rien dire, même approximativement, du temps qu'ont pu demander les innovations.

Le degré de nouveauté d'une langue par rapport à la « langue commune » n'est pas reconnaissable par la date : parmi les langues sémitiques, il y en a deux qui ont conservé la déclinaison. Or, l'une de ces deux est l'akkadien du début du second millénaire avant le Christ, l'autre est l'arabe du VIIe siècle ap. J.-C. Dans des langues attestées bien avant l'arabe, comme l'hébreu ou l'araméen, il n'y a plus la déclinaison des noms.

S'il y a des moments où le changement linguistique semble se précipiter, cela tient pour beaucoup à ce qu'il y a, pour les innovations, une longue période de préparation. La réalisation du changement ne fait dans bien des cas que manifester l'aboutissement d'un long travail.

Un des principaux faits auxquels est dû le passage du type indo-européen ancien au type moderne des langues de la famille est la perte de l'accent de hauteur et du rythme quantitatif. Dans le type ancien, dont les textes védiques et grecs classiques donnent encore une idée nette, le « ton » consistait en une élévation de la voix et ne servait pas de sommet rythmique au mot ; il jouait un rôle sémantique analogue à celui que jouent les tons, c'est-à-dire les montées et descentes de la voix, dans les parlers chinois ou soudanais. Le rythme reposait tout entier sur l'alternance de syllabes longues et de syllabes brèves. La comparaison des diverses langues montre que ce type a été indo-européen commun. Ce type phonique s'est éliminé partout, et notamment en grec et en latin à l'époque impériale. Le rythme a cessé d'être fondé sur l'alternance des syllabes brèves et des syllabes longues ; une partie des longues se sont abrégées, ou même toutes les voyelles ont perdu les oppositions de quantité brève et longue. Et l'ancien ton est devenu le centre du mot, le sommet rythmique. Dès lors, le mot est « centré » autrement qu'il ne l'était, et toute la prononciation change de caractère. Quand cette transformation s'achève, l'ancienne syllabe tonique acquiert une importance particulière, tandis que les autres éléments du mot deviennent relativement secondaires. Dans les langues romanes, on sait que le traitement de la syllabe accentuée diffère fondamentalement de celui des autres syllabes du mot. Le changement, à peu près réalisé dès le IXe siècle, de lat. *caballum* en fr. *cheval* est spécifiquement français ; mais il n'est qu'une conséquence de l'élimination du rythme quantitatif et du changement de caractère de l'ancien ton qui ont eu lieu durant la période impériale du latin, et qui, en vérité, avaient commencé, en quelque mesure, dès avant les premiers monuments écrits du latin, c'est-à-dire, dès avant le IIIe siècle av. J.-C., comme l'indiquent diverses circonstances. Le changement de *caballum* en *cheval,* qui s'est fait assez vite, est ce qui se voit. La préparation de ce changement a demandé de longs siècles et ne se voit guère.

Ces périodes de préparation ont existé sur tout le domaine indo-européen, presque partout avant l'époque historique, ou hors des moments où le développement est observable. L'histoire du grec et celle du latin donnent une idée de ce qui a pu se passer; il ne faut pas juger de tout par là; car, sur le domaine indo-iranien, par exemple, le développement du rythme semble avoir été assez différent. Mais, en gros, il y a eu partout des préparations de ce genre.

Ce que l'on observe en général dans les langues indo-européennes, c'est le résultat de débâcles brusques, consécutives à des périodes de préparation, débâcles à la suite desquelles la langue offre un aspect nouveau, différent du type indo-européen.

La flexion nominale tend à s'éliminer sur tout le domaine indo-européen. Cette élimination a été favorisée par la tendance de la fin de mot à se réduire, d'où il résultait que les caractéristiques des formes casuelles, situées dans la fin de mot, perdaient progressivement de leur clarté. Mais l'essentiel, c'est que la flexion casuelle s'est trouvée peu à peu remplacée par d'autres procédés d'expression. Dès avant la période historique, les formes casuelles ne suffisent plus à indiquer les relations locales : si le latin a obligatoirement une préposition dans *eo in urbem, habito in urbe, uenio ex urbe,* ce n'est pas chose isolée ; des faits analogues s'observent dans la plupart des langues indo-européennes dès le début de l'époque historique, et la pleine valeur des cas locaux ne s'est maintenue que dans des survivances plus ou moins isolées. Cet état une fois atteint, la flexion casuelle devenait une complication superflue, et il n'est pas surprenant que la langue l'ait ou restreinte ou supprimée partout.

Ce qui rend malaisé, souvent impossible, de suivre le développement de la langue entre l'époque de communauté et les époques historiques, ce n'est pas seulement la difficulté d'évaluer le temps qu'a demandé le changement, ni le caractère invisible, ou presque, des périodes de préparation des changements.

Il y a bien d'autres causes d'embarras.

Les changements ultérieurs sont largement commandés par l'état de la langue commune et par la façon dont elle se brise. Il suit de là que des changements identiques ou semblables ont lieu même après la séparation et le commencement de la différenciation des langues issues de la « langue commune ». Ce fait est souvent méconnu. Les traités de grammaire comparée procèdent souvent comme si tous les faits superposables des divers représentants d'une même « langue commune » remontaient à l'époque d'unité. Sans doute, les auteurs ne le croient pas au fond, et ils se garderaient assurément de l'affirmer ; ils indiquent même parfois des réserves à cet égard. Mais l'exposé est présenté comme si les auteurs admettaient pareille hypothèse. Tel est le cas notamment pour le remarquable *Grundriss* de Brugmann. Or, rien n'est moins conforme à la réalité.

Soit par exemple la caractéristique *-m* de la 1re personne du singulier des verbes dans les langues slaves ; cette caractéristique se trouve dans une notable partie de la conjugaison dans la plupart des langues slaves modernes, et même dans tous les présents normaux en serbo-croate. Or, en slave commun, elle était propre à quatre ou cinq verbes anomaux. Ce n'est qu'au cours du moyen âge, à date historique, que l'innovation a eu lieu, en tchèque et en serbo-croate notamment. A cette date, les langues slaves étaient séparées depuis longtemps, et c'est de manière indépendante que chacune a réalisé l'innovation, dont, au surplus, les limites varient d'une langue à l'autre.

Des faits pareils s'observent ailleurs pour la même 1re personne du singulier : l'arménien a aussi généralisé une forme caractérisée par *-m*. Ici, on n'a que l'aboutissement du procès, et le détail des faits par lesquels l'arménien y est parvenu échappe. — Dans l'Inde et dans l'Iran, il y a eu la même innovation, et il se faut de peu qu'on ignore tout de la manière dont elle s'est produite. Par bonheur, on possède une petite série de vieux textes iraniens, les *gāthā* de l'Avesta, où la généralisation de la désinence *-mi* n'est pas faite ; on voit par là que quoique le sanskrit ait pour dire « je porte », une forme *bhárāmi* et l'Avesta récent une forme *barāmi*, l'addition de *-mi* est postérieure à la période de communauté indo-iranienne (aryenne) : car les *gāthā* de l'Avesta ont encore le type *barā*.

Les concordances entre les formes historiquement attestées proviennent, beaucoup plus qu'on ne l'imagine au premier abord, de développements parallèles entre des langues déjà séparées et différenciées.

Si des créations semblables se réalisent ainsi d'une manière parallèle, mais indépendamment, certains traits anciens se perdent parallèlement, à bien plus forte raison. Grâce au fait que le grec connaît encore à l'époque classique la fameuse règle *ta zōa trekhei* (coexistence d'un verbe au singulier avec un sujet au pluriel neutre) et que la même règle se retrouve, exactement observée, dans les *gāthā* de l'Avesta, on sait que la forme dite « nominatif-accusatif pluriel neutre » de l'indo-européen est, en réalité, un ancien collectif. Mais une langue aussi archaïque que le védique l'ignore déjà presque totalement. Le latin a généralisé l'emploi du verbe au pluriel avec sujet au pluriel neutre ; le slave, le celtique et le germanique de même. Et, même en grec, la particularité s'est perdue avec le temps. Là où l'on n'a pas de formes très archaïques des langues — et c'est le cas ordinaire —, une large part des événements de la période intermédiaire demeure donc inconnue.

Mais il n'y a pas seulement des éliminations d'usages anciens et des innovations d'usages destinés à durer. Le développement linguistique est chose complexe, et l'on ne saurait avoir l'illusion ni d'expliquer tout ce qui s'est créé durant les périodes intermédiaires ni de restituer les événements multiples qui ont eu lieu durant ces périodes.

On suit, par des textes, l'histoire du grec depuis le VIIe siècle av. J.-C. jusqu'à l'époque actuelle, et l'on a là un exemple qui permet de juger la suite des créations et des pertes par lesquelles la langue est parvenue à l'état moderne.

Ainsi, avant l'époque historique, le grec a donné à chaque verbe un futur ; puis, à l'époque byzantine, il a éliminé ce futur, et l'a remplacé par quelque chose de tout nouveau.

Le grec avait hérité d'un type de parfaits : avant et pendant l'époque historique, il en a élargi l'emploi, multiplié les formes ; il a créé des procédés grâce auxquels presque chaque verbe a pu recevoir un parfait. A l'époque attique, le parfait était une forme essentielle et couramment employée du verbe. Puis l'usage en a disparu, et le grec moderne n'a plus aucune forme personnelle du parfait.

Si donc on ne connaissait le grec, comme on connaît le slave, qu'à partir du ixe siècle ap. J.-C., le linguiste ne soupçonnerait même pas que, avant d'arriver à l'état actuel du verbe à deux thèmes, le grec a traversé une époque où un futur et un parfait ont eu un riche développement, qu'il y a eu des créations multiples, des formes faites et refaites à plusieurs reprises : de tout ce développement, le linguiste qui ne verrait que l'aboutissement final n'aurait aucune idée.

Or, la plupart des langues indo-européennes sont connues seulement après le début de l'ère chrétienne, en un temps où sont achevés ces développements complexes que des données positives permettent d'observer en grec, et où, par suite, le linguiste ignore ce qui s'est passé réellement.

Dès lors, il serait vain de prétendre expliquer à coup sûr toutes les formes nouvelles qui se sont constituées entre l'époque de communauté et les époques historiques. On ne doit pas être surpris que la linguistique puisse faire seulement des hypothèses incertaines et fragiles sur l'origine du perfectum latin en *-uī*, du parfait passif grec en *-thēn*, du prétérit gotique en *-da* (*-ta*), etc. Ces formes résultent d'un travail qui s'est produit durant des périodes dont l'état de langue n'est pas restituable ; les données manquent pour déterminer le détail des conditions grâce auxquelles les innovations se sont réalisées. Vouloir les expliquer à tout prix, imaginer qu'on peut trouver ici des démonstrations rigoureuses, c'est perdre de vue les limites de la méthode comparative.

Entre l'époque de communauté et les époques historiquement attestées, il y a des développements non entièrement restituables et où il demeure nécessairement d'autant plus d'inconnu que la période intermédiaire est plus longue et surtout plus chargée d'innovations.

V.

LES DIALECTES.

Jusqu'ici on a envisagé la langue initiale et les langues historiquement attestées comme si c'étaient autant d'unités. Tel n'est pas le cas. La notion de « dialecte », qui intervient sans cesse en linguistique, en fait foi.

Il faut ici faire abstraction du sens vulgaire, qui oppose le « dialecte » à une langue littéraire établie.

Le nom est grec, et il a été fait pour des situations grecques. Le grec ancien n'est pas, comme le latin, une unité. Il a été écrit de manières diverses suivant les temps et suivant les lieux. Dans tel type de parlers, on dit *nāsos* « île » et dans tel autre, *nēsos* ; dans tel, le datif pluriel est *possi, posi* « aux pieds » et, dans tel autre, *podessi* ; dans tel, « je veux » se dit *boulomai,* dans tel autre *bellomai,* et, dans tel autre, *dēlomai* ; dans tel, « possession » se dit *ktēsis,* et, dans tel autre, *p(p)āsis*. Mais ces différences ne sont pas telles que des Grecs employant des parlers de types différents aient eu le sentiment de parler des langues distinctes. Certaines de ces différences, comme l'opposition de *nēsos* à *nāsos* entrent dans de grandes séries de correspondances phonétiques, d'autres comme celle de *podessi* à *possi, posi* relèvent de différences grammaticales régulières, d'autres enfin sont de simples faits de vocabulaire, ainsi *ktēsis* : *(p)pāsis*. Ces diversités n'empêchaient pas les Grecs de sentir qu'ils avaient tous une même langue dans l'ensemble. Ce qui caractérise d'abord le « dialecte », c'est donc la diversité dans l'unité, l'unité dans la diversité.

Le « dialecte » même n'est pas un. Les Grecs distinguaient trois grands dialectes : ionien, éolien et dorien, auxquels les linguistes actuels ajoutent un quatrième, l'achéen (arcado-cypriote). Mais un texte donné n'est pas écrit en un dialecte ; il y a seulement des formes diverses de chaque dialecte. Par exemple, il n'y a pas un parler dorien : il y a le corinthien (avec le syracusain), l'argien, le laconien, le crétois, le rhodien, etc. Et encore ces types généraux admettent des variétés : il n'y a pas un parler crétois, et l'on observe des différences appréciables d'une localité de la Crète à une autre. Un « dialecte » est un ensemble de parlers divers présentant des caractères communs et plus semblables entre eux qu'ils ne sont aux autres parlers de la même langue.

Troisième point : les dialectes n'embrassent pas nécessairement tous les parlers d'une langue. Ainsi, en grec, le parler de tous le plus connu, l'attique, offre avec l'ionien des particularités communes, mais il ne fait pas partie proprement du dialecte ionien, et, moins encore, d'aucun autre. Les parlers de l'Elide, de la Locride, de la Phocide sont, à bien des égards, proches du dorien ; mais ils ne sont pas proprement doriens. Les parlers d'une langue ne se laissent donc pas toujours grouper tous en dialectes définis.

Ainsi la notion de dialecte est fuyante. Elle l'est d'autant plus qu'elle résulte de conditions historiques diverses.

Les dialectes grecs proviennent de ce qu'il y a eu, sur le domaine hellénique, des poussées successives et différentes d'envahisseurs. La plus ancienne vague que l'on observe est peut-être celle des Achéens, dont on n'a pas l'histoire, mais que les documents hittites récemment découverts laissent entrevoir vers le XIIIe siècle av. J. C. et dont le souvenir survit, sous forme légendaire, dans les poèmes homériques; il en reste à date historique les parlers arcadiens dans le Péloponnèse, le pamphylien au Sud de l'Asie-Mineure, et le cypriote, qui jusqu'au bout a marqué un terme extrême de l'expansion des Hellènes. La vague ionienne est sans doute à peu près de même époque; il n'en reste rien dans la Grèce propre; mais l'Eubée, les îles de la mer Egée, et les rives de la Méditerranée, de la mer Noire aux côtes de Gaule, ont des colonies ioniennes. La plus récente de ces grandes poussées est celle des Doriens qu'on aperçoit encore en progrès aux débuts de la période historique de la Grèce et qui a recouvert nombre de régions déjà entièrement occupées par des hommes parlant d'autres dialectes helléniques, notamment une grande partie du Péloponnèse et la Crète.

Les dialectes qu'on rencontre sur le domaine galloroman ont une toute autre origine. Tous proviennent de la transformation d'un idiome sensiblement un employé en Gaule à la suite de la conquête romaine. Les parlers qui sont résultés de cette transformation ont des aspects divers en Provence et en Gascogne, en Normandie et dans l'Ile-de-France. On ne sait bien ni à quoi est due cette diversité, ni d'où vient que ces régions ont des parlers semblables entre eux quoique distincts. Comme les limites de ces régions linguistiques concordent souvent avec d'anciennes limites administratives, on a parfois supposé que les divisions politiques du pays conditionnent les divisions linguistiques. Mais si le pays a été ainsi divisé, c'est en conséquence des relations établies entre les hommes ; et si les divisions administratives des Romains ont été maintenues en gros par l'église chrétienne, c'est qu'elles répondaient en effet à des besoins naturels. Ce sont sans doute ces relations qui rendent compte des ressemblances de parler. Il y a coïncidence, et non cause.

Il faut tenir compte d'un autre type de faits. Dans le monde moderne, et depuis longtemps, il y a des centres d'où la civilisation se répand sur toute une région. En France, les centres provinciaux n'ont qu'une importance secondaire, et l'influence de Paris a dominé de bonne heure. En Italie, au contraire, il y a plusieurs centres provinciaux puissants. L'importance économique et politique de Venise est pour beaucoup dans la constitution d'un dialecte vénitien.

L'existence de dialectes a des conséquences importantes pour le comparatiste ; mais ces conséquences diffèrent suivant la manière dont les dialectes se sont établis.

Parfois la langue commune était une autant qu'une langue peut l'être. C'est, pour les langues romanes, le cas du « roman commun » qui est le parler courant d'une ville unique, Rome. Tout au plus y a-t-il à tenir compte, suivant l'hypothèse de Gröber, de la date où le latin a été porté à la région où il s'est étendu : le sarde aurait gardé la distinction de *ĭ* bref et de *ē* long, de *u* bref et de *o* long, parce que, à la date où la Sardaigne a été conquise, Rome distinguait encore ĭ et ē, ŭ et ō ; le gallo-roman (ainsi que la plupart des parlers romans) aurait un représentant unique de ĭ et de ē, de ŭ et de ō, parce que, à la date où a eu lieu la conquête et où le latin s'est établi, la tendance à confondre ĭ et ē, ŭ et ō existait déjà. Mais, en somme, l'original des langues romanes est une langue une.

Il en va autrement de l'indo-européen commun. Plusieurs des différences qu'on observe entre les langues indo-européennes se trouvent à la fois dans des langues voisines des unes des autres, de telle sorte qu'on est conduit à poser que le point de départ de ces différences se trouve dans des différences existant déjà en indo-européen.

Soit par exemple le nom de nombre « dix » en grec, *déka*, et en latin, *decem*, d'une part — en sanskrit, *dáça*, et en arménien, *tasn*, de l'autre. Les formes germaniques et celtiques reposent sur des formes comportant un *k* médian ; les formes iraniennes, slaves et baltiques, sur des formes comportant une sorte de sifflante intérieure. A ce point de vue, il y a donc deux groupes de parlers indo-européens. Or, les mêmes parlers ont pour l'interrogatif-indéfini, dans les groupes grec, latin, celtique, germanique, un *qu* ou les représentants d'un *qu*, soit latin *quis*, et, dans les groupes indo-iranien, slave et baltique, arménien, un *k* ou le représentant d'un *k*, ainsi en sanskrit *káḥ* « qui », en lituanien *kas*, etc. Ceci tendrait à faire supposer qu'il y aurait eu, en indo-européen, deux groupes dialectaux, l'un représenté par le grec, l'italo-celtique et le germanique, l'autre par le slave, le baltique, l'arménien et l'indo-iranien. Au point de vue des consonnes dites gutturales, cette répartition serait exacte, et l'on parle souvent, pour l'indo-européen, d'un groupe de *satəm* (d'après une forme iranienne du nom de nombre « cent ») et d'un groupe de *centum* (d'après la forme latine).

Mais, si l'on examine d'autres faits, on trouve d'autres répartitions. Ainsi la distinction de *o* et de *a* est conservée en arménien, en grec, en italo-celtique ; mais elle est effacée en germanique, en baltique et en slave, en indo-iranien. Cette fois, le germanique marche avec le slave, etc., et l'arménien avec le grec, etc.

On n'arrive donc pas à poser, à l'intérieur de l'indo-européen, des dialectes définis, mais des différences de traitement pour certains faits phonétiques, morphologiques ou lexicaux. Et chacune de ces différences a ses limites propres. Le domaine de l'indo-européen commun était donc traversé par des lignes marquant les régions où, à plusieurs points de vue, s'employaient des formes diverses. Et ces lignes, dites lignes d'isoglosses, ne concordent que partiellement les unes avec les autres.

Cet état de choses concorde avec celui que l'on observe en beaucoup de cas. Ainsi le domaine gallo-roman ou le domaine lituanien sont traversés par des lignes d'isoglosses non concordantes entre elles marquant les limites de plusieurs traits linguistiques.

Cette coïncidence entre des types de faits actuellement observables et ceux qu'on est amené à attribuer à l'indo-européen montre combien réelle est l'image que la comparaison amène à se faire de l'indo-européen. Il ne s'agit pas d'un simple schéma, mais d'un objet varié comme la réalité elle-même.

Beaucoup de changements différents suivant les régions naissent après l'époque de communauté, en conséquence des innovations qui sont intervenues. En voici un exemple typique. Le celtique a hérité d'un ancien q^w, du type de celui qui est conservé dans lat. *quis*. Il offre, d'autre part, une tendance qui apparaît dans toutes les parties du groupe où est conservé ce phonème : le k^w tend à passer à *p*, et le g^w à *b*. Le passage de g^w à *b* a abouti aisément, parce que le celtique possédait déjà un *b* qui a attiré l'ancien g^w. Mais, par une particularité singulière, le celtique avait perdu le *p* indo-européen ; dès lors, pour passer à *p*, le q^w devait donner naissance à un *p* qui n'existait plus dans la langue ; ceci a suffi pour empêcher dans le groupe irlandais le q^w de passer à *p*, et c'est ainsi que **eqwos* « cheval » a abouti à irlandais **eq(os)*, d'où *ech*. En gaulois et en brittonique, au contraire, la tendance de q^w vers *p* a été la plus forte, et q^w a passé à *p*, si bien que le mot **eqwos* est devenu *epos* en gaulois (et une forme pareille en brittonique). La division dialectale s'est produite en vertu d'événements qui ont chance d'être postérieurs à l'époque celtique commune. Une fois produite, elle commande des différences ultérieures ; car les mots présentent dès lors des différences profondes et ont des histoires nécessairement différentes.

La notion de dialecte a, on le voit, quelque chose de flou à tous égards. Le comparatiste ne peut donc s'y tenir ; il est obligé de chercher un terrain d'observation plus exactement délimité.

VI.

LA GEOGRAPHIE LINGUISTIQUE.

Depuis qu'on s'attache à poser des correspondances précises et régulières entre les faits phonétiques ou morphologiques d'une « langue commune » et des langues ultérieurement attestées, on cherche des types linguistiques purs et uns où les règles s'appliqueraient avec rigueur. Les grandes langues renferment des éléments trop divers. Par définition même les dialectes n'ont pas d'unité. On a pensé que le parler populaire, observé dans une localité de petite étendue, fournirait cette unité élémentaire dont le linguiste a besoin. Et l'on a étudié des parlers locaux.

Il a été fait, de parlers très divers, des monographies, les unes brèves et superficielles, les autres détaillées et approfondies. Les monographies précises apportent des données importantes à qui veut connaître à fond un type de langues. Elles sont hautement instructives pour la linguistique générale. Mais, pour le comparatiste qui veut faire l'histoire d'un groupe linguistique, les monographies de parlers locaux ne suffisent pas et sont malaisées à utiliser.

Sur un domaine d'étendue moyenne comme le domaine gallo-roman, il se rencontre plus de trente mille localités dont il y aurait lieu de décrire le parler. La tâche excède manifestement les forces de travail et les ressources matérielles dont disposent les linguistes. Qu'on la suppose accomplie, le linguiste serait accablé par la masse de ces données qu'il ne saurait manier. Il y aurait d'ailleurs des répétitions infinies : bien que chaque localité ait ses particularités propres, les mêmes faits et types de faits se rencontrent sur des domaines étendus.

Autre difficulté : les données recueillies par des observateurs divers ne sont pas exactement comparables entre elles. Si l'enquête n'a pas été organisée, faite suivant des règles uniques pour toute la région étudiée, chaque monographie se présente d'une manière diverse, et les faits qu'on rencontre dans l'une ne se laissent pas comparer immédiatement à ceux d'une autre. Même dans le cas favorable — et rare — où l'enquête a été organisée et où les monographies sont faites sur un modèle unique, les observateurs n'ont pu ni observer ni noter tout à fait de la même manière. Il est de plus inévitable qu'on trouve des enquêteurs pour certaines régions plus que pour d'autres. Et la densité des observations n'est pas comparable.

Enfin les parlers n'ont pas l'unité qu'on a été porté à leur attribuer *a priori*. Les sujets d'un même village, même petit, offrent souvent des manières de parler diverses suivant l'âge, la condition sociale, les occupations, etc. Tous les sujets ne sont pas indigènes ; tous ne sont pas également fidèles à l'usage local. Si une monographie d'un parler local tient compte de ces différences individuelles, elle devient compliquée, et il est malaisé d'en tirer parti pour la comparaison. Si elle les néglige, elle ne donne pas une idée juste de l'état du parler ; elle simplifie arbitrairement ; elle schématise plutôt qu'elle ne décrit.

Quand on veut procéder à l'étude d'un ensemble de parlers modernes par voie comparative, l'enquête doit être organisée de telle sorte qu'elle puisse servir immédiatement à la comparaison.

Il faut tout d'abord avoir des observations réparties d'une manière à peu près égale sur l'ensemble du domaine étudié. L'idéal serait d'observer toutes les localités. Mais, dans un domaine normal où des parlers semblables se rencontrent sur une surface de quelque étendue et où le parler de chaque localité ne diffère pas essentiellement de celui de la localité voisine, il suffit d'examiner des localités prises au hasard, de manière que l'on ait un réseau d'observations comprenant tout le pays et fournissant des spécimens de tous les types. Plus le réseau est serré, moins on risque de laisser échapper des particularités importantes, plus on est sûr de tracer des limites exactes pour chaque fait. Mais l'essentiel pour le comparatiste est de posséder des données qui permettent d'apprécier d'une manière égale l'ensemble du domaine.

En second lieu, il faut que les données soient comparables les unes aux autres, et, pour cela, que les renseignements recueillis concernent des faits de même ordre : les mêmes mots de façon que l'on ait les formes prises par un mot de la langue commune sur tout le domaine, ou les mots de même sens, les mêmes formes ou des formes grammaticales de même valeur, etc.

Pour répondre à cette double nécessité, il faut dresser un questionnaire qui est rempli dans toutes les localités où doit se faire l'enquête. On note la façon dont des phrases données se disent dans chacune des localités enquêtées. Ce procédé du questionnaire a de graves inconvénients : la langue dans laquelle la question est posée — qui est en principe la langue générale du pays — risque d'influencer le sujet local et de le détourner de son parler propre. Pour avoir une réponse, et une seule, par localité, on est amené à interroger un sujet unique ; et, puisque le parler local n'est pas un, ce sujet est plus ou moins impropre à représenter l'ensemble du parler. Le procédé est grossier, approximatif. Mais il est le seul possible.

On peut envisager deux manières de faire l'enquête. Ou bien l'on remet un questionnaire qui est rempli sur place par une personne aussi qualifiée que possible pour indiquer la façon dont les choses se disent dans le parler ; c'est ainsi qu'on a procédé en Allemagne. Ou bien l'on envoie un enquêteur qui, sur chaque point examiné, interroge un sujet un et note lui-même la réponse ; c'est ce qui a été fait pour l'atlas des parlers gallo-romans. Muni d'un questionnaire préparé par M. Gilliéron, M. Edmont a visité seul toutes les localités qui devaient être examinées, il a choisi un sujet unique dans chacune et a noté la façon dont ce sujet rendait les phrases du questionnaire. L'avantage de ce second procédé, c'est qu'il offre des témoignages rigoureusement comparables entre eux, et que l'on n'a pas à tenir compte des déformations qui résultent de la personnalité d'enquêteurs divers. Cet avantage est si grand que, pour les enquêtes faites par la suite, on a recouru à ce même moyen, et que, par exemple, pour l'atlas des parlers romans (autres que les parlers du type français) de la Suisse et des parlers italiens du Nord qu'ont organisé MM. Jaberg et Jud, un seul observateur, M. Scheuermeier fait toute l'enquête.

A première vue, les résultats obtenus par des procédés aussi sommaires pourraient paraître suspects. Mais les observations faites sur des points peu éloignés les uns des autres se contrôlent mutuellement, et la vérification résulte du rapprochement même. Du reste, le procédé de l'enquête n'exclut pas celui de la monographie ; et il suffit de comparer les résultats de l'enquête avec les monographies déjà faites ou avec des recherches nouvelles pour apprécier la valeur des observations recueillies par l'enquêteur. En ce qui concerne l'atlas des parlers gallo-romans exécuté par M. Gilliéron avec les observations qu'avait recueillies M. Edmont, il y a eu des vérifications nombreuses : en plusieurs régions, il a été procédé à des enquêtes détaillées portant sur tous les parlers d'une région limitée, ainsi M. Millardet pour les Landes, M. Bruneau pour les Ardennes, M. Oscar Bloch pour les Vosges ; ces enquêtes minutieuses ont en général confirmé pour l'essentiel la justesse des observations de M. Edmont. On a pu relever des erreurs de détail ; nulle part, ces menues erreurs ne vicient l'enquête d'une manière fondamentale.

Les résultats obtenus ont été capitaux, et tels qu'on s'est mis à multiplier les enquêtes de ce genre. En France, il a été fait un atlas pour la Corse, et un autre paraît pour les parlers bretons d'Armorique française. Un atlas catalan est en voie de publication. On a signalé déjà l'atlas que préparent MM. Jaberg, Jud et Scheuermeier. Un jeune Français, M. Tesnière, publie actuellement, sur les formes du duel en slovène, une étude détaillée fondée sur une enquête du type géographique.

Ceci seul que les résultats de l'enquête se prêtent à être indiqués sur des cartes, consacrées chacune à un fait donné, facilite le travail. On sait ce qu'une statistique gagne en clarté à être exprimée par un graphique. Le linguiste qui voit sur une carte unique, ou sur deux ou trois cartes qu'il peut juxtaposer, les faits relatifs à un problème a, d'un coup, sous les yeux, les éléments essentiels de la solution.

Dès maintenant, les recherches sur le gallo-roman ont été renouvelées par l'*Atlas* de MM. Gilliéron et Edmont. Les études provoquées par la publication de l'*Atlas* se multiplient, et d'autres études où il est tenu compte avant tout des données recueillies sur tout l'ensemble d'une région paraissent sans cesse.

C'est que la comparaison a trouvé, dans ces enquêtes, un instrument de travail supérieur à tout ce qu'elle possédait et précisément adapté à ses besoins. Pour la première fois, on avait, clairement présenté, un ensemble de données immédiatement comparables entre elles, et réparties sur tout le domaine étudié. Quiconque a fait des travaux de grammaire comparée sait combien on souffre de ce que les faits rapprochés offrent des différences de niveau dont il faut faire abstraction : le comparatiste qui travaille sur les langues indo-européennes se sert de données dont les dates s'étendent sur un espace de quelque trois mille ans, qui abondent à certains moments et manquent tout à fait à d'autres, qui existent pour une région alors que, pour tel autre domaine, toute indication manque. Avant de faire un rapprochement, il en faut critiquer en détail tous les éléments. Dans la grammaire comparée des langues indo-européennes, il y a peu de rapprochements qui ne boitent pas par quelque côté.

Dès maintenant, les résultats obtenus par la méthode géographique sont saisissants.

Le problème du « dialecte » a trouvé sa solution. On s'était souvent demandé comment tracer les limites entre les dialectes. D'une part, le dialecte apparaissait comme un ensemble offrant des caractères particuliers et s'opposant à d'autres dialectes. De l'autre, on n'arrivait pas à trouver aux dialectes des limites précises. Autrefois, un observateur parti de Bordeaux pour déterminer la limite entre les parlers gallo-romans du Nord et du Midi, avait dû renoncer à marquer une frontière et s'était arrêté sans avoir terminé son travail. Il a suffi de rapprocher les cartes pour apercevoir la vérité.

Chaque fait linguistique a ses limites propres.

Mais, en certaines régions, on rencontre un faisceau de limites de faits particuliers, limites qui parfois sont parallèles, parfois se croisent. Entre les parlers gallo-romans du Nord et ceux du Midi, il n'y a pas une limite ; il y a un faisceau de limites de faits particuliers, limites dont beaucoup sont proches les unes des autres. Au Nord et au Sud de ce faisceau, les parlers offrent par suite de nombreux traits en commun. L'opposition du Nord et du Sud est nette ; mais elle ne se laisse pas marquer par une ligne unique.

Ce faisceau suit, d'une façon caractéristique, à peu près le chemin que suit encore le train du chemin de fer qui va de Bordeaux à Lyon, c'est-à-dire qu'il fait une pointe prononcée vers le Nord, pour passer au pied du massif central de la France, du côté Nord. Tout le massif central appartient donc au type des parlers méridionaux. Les influences qui ont donné aux parlers de la partie septentrionale de la France leur aspect particulier, si éloigné du type latin, se sont arrêtées devant le massif montagneux qui occupe le centre de la France.

Ce n'est pas la Loire qui est une limite ; c'est un groupe de hauteurs, en effet pénible à traverser et que les routes contournent nécessairement. Le type français du Nord va beaucoup plus au Sud, à la fois à l'Ouest, où il atteint Bordeaux, et à l'Est, où il va au Sud de Lyon. Ici la limite des dialectes s'explique par un fait d'ordre géographique, qui a conditionné des actions historiques.

En second lieu, grâce à la grande multiplicité des faits observés, la période intermédiaire entre la langue commune et les langues ultérieures s'éclaire. C'est le nom de l'abeille que M. Gilliéron a choisi pour illustrer, d'une manière particulièrement approfondie, les résultats de la méthode géographique. On savait, par la considération des règles de correspondance phonétique, que le mot français *abeille* ne peut passer pour indigène dans la France du Nord et qu'il est emprunté à des parlers méridionaux. Mais ce fait brut ne révélerait pas l'histoire du mot *abeille* en français. Il a suffi d'examiner la carte où sont pointés les noms de l' « abeille » pour apercevoir que ces noms varient suivant les régions du Nord de la France : ici *abeille*, terme venu du Midi ; là *mouche à miel*, là *mouchette*, là *avette*. Cette variété, pour un insecte utilisé partout depuis l'époque romaine, montre que le nom ancien a disparu ; or, les cartes révèlent, sur quelques points, un nom éliminé : c'est *é*, c'est-à-dire la forme que le latin *apem* a prise normalement dans la France du Nord. Trop bref, ce nom a été presque partout éliminé pour être remplacé par des noms nouveaux qui marquent l'embarras où se sont trouvés les sujets parlants. Dans le mot *mouchette*, M. Gilliéron trouve, par une hypothèse hardie et qui a été contestée mais qui est singulièrement séduisante, une adaptation d'un composé *mouche-é(p)* auquel on aurait recouru pour se tirer de l'embarras causé par la trop grande réduction de *apem* dans la France du Nord ; pareil composé a pu d'ailleurs n'exister que virtuellement, et *mouchette* a pu s'y substituer de manière immédiate ; car, au moment où se produisent les changements de ce genre, phonétiques ou morphologiques, les innovations tendent à se régler aussitôt d'après le système existant et à prendre place parmi les formes déjà constituées. Le Midi, qui avait *apicula*, élargi dès l'époque romane, tout comme *ouis* a été élargi en *ouicula* (fr. *ouaille*), n'a pas connu pareille difficulté et a fourni *abeille* à la région parisienne. A l'indication schématique qu'on avait sur l'origine de fr. *abeille* se substitue une histoire complexe et où apparaît la réalité.

En s'inspirant de ces résultats, on interprétera mieux les faits là même où l'on dispose de données moindres et moins aisément comparables. Bien souvent il suffit de disposer les faits géographiquement pour en comprendre l'histoire.

Soit, par exemple, en indo-européen la notion de « moudre ». Il y a un présent du type **meləmi* ou **moləmi* « je mouds » qui est conservé indirectement en slave, en baltique, en germanique, en celtique et en italique et dont on a pu restituer ci-dessus la forme ancienne (v. p. 28). Or, ce verbe ne se retrouve ni en indo-iranien, ni en arménien ni en grec : ce n'est pas un accident, et ce n'est pas que les peuples qui parlaient ces langues aient ignoré la mouture. Car des noms de céréales figurent justement dans ces langues ; on y a (sauf en indo-iranien) la racine signifiant « labourer ». Mais c'est qu il y a une autre racine pour signifier « moudre » :

aléō « je mouds » en grec, *alam* en arménien, et cette racine a laissé des traces nettes aussi en indo-iranien. On voit donc que l'idée de « moudre » s'exprime de façons différentes sur deux domaines continus de l'indo-européen.

Quant à la racine **melə-* qui signifie « moudre », du slave à l'italique, elle n'est pas inconnue aux autres langues ; mais elle s'y trouve au sens plus général d' « écraser, broyer », ainsi dans *mr̥ṇā́ti* « il écrase » du sanskrit, dans *malem* « je broie » de l'arménien ou dans des verbes du grec populaire tels que *myllō* ou la forme à redoublement *moimyllō,* qui se lit chez des auteurs ioniens populaires. Et la concurrence entre la racine **melə-* et celle du grec *aleō* ressort du fait que, de même que le latin a *mola* « meule » à côté de *molo* « je mouds », le grec qui a perdu le nom de l'ancienne meule à bras (conservé depuis l'Inde jusqu'au monde celtique), a formé *mylē* « meule », de la racine signifiant « écraser ». La répartition géographique des mots laisse entrevoir toute une histoire, malgré la misère des données.

Du rapprochement des cartes ressort souvent l'explication de faits surprenants. Ainsi, il y a au Sud de la France une région où le représentant attendu du nom *gallu(m)* du « coq » a disparu. Dans cette petite région, on désigne le « coq » par des noms bizarres qui traduisent un embarras où s'est trouvée la langue : le « coq » est nommé par exemple « faisan » ou « vicaire ». Mais si l'on rapproche d'autres cartes, on voit que, dans cette région, c'est *-tt-* qui répond à *-ll-* du latin : le nom **gat* du « coq » se confondait dès lors avec le nom *gat* du « chat », ancien **gattu(m)*, qui a donné aussi *gatto* de l'italien. Il serait incommode de désigner par le même nom le « chat » et le « coq » ; le nom du « coq » a disparu. Et la langue s'est tirée d'affaire par des artifices visibles. Quand une notion vient à être indiquée par des procédés aussi singuliers, c'est en général qu'un nom ancien, exclu pour une raison ou pour une autre (les causes sont diverses), a dû être remplacé ; la fantaisie des sujets parlants se donne cours en pareil cas.

Partout où l'on a pu appliquer la méthode géographique, elle a donné lieu à des progrès décisifs. Elle exige des enquêtes aussi étendues qu'il est possible et l'utilisation de toutes les données qu'on possède sur l'ensemble d'un domaine linguistique. La méthode comparative gagne par là une précision, une étendue et une aisance jusqu'alors imprévues.

Et c'est pourtant ce que l'on devait attendre : la grammaire comparée, qui opère avec des systèmes de correspondances, gagne à considérer moins les parlers — qui ne l'intéressent pas par eux-mêmes — que des faits d'un même ordre dans l'ensemble des parlers qui continuent une même « langue commune ».

Il est inutile de rappeler que, comme on l'a noté déjà, p. 29, tout parler ayant son système propre, il faut toujours se représenter la place de chacun des faits de détail dans chacun de ces systèmes. Un examen exclusif des mots et des formes fournis par les enquêtes et notés géographiquement risquerait d'entraîner à étudier d'une manière isolée un mot ou un petit groupe de mots, une forme ou un petit groupe de formes. Pareil émiettement ruinerait toute linguistique historique. La géographie linguistique a eu le mérite de mettre en pleine évidence la singularité de l'histoire de chaque mot, de chaque forme. Mais cette singularité a sa place dans des ensembles systématiques, et qui envisagerait les faits isolés sans se les représenter dans ces ensembles risquerait de commettre des erreurs pires encore que le linguiste qui envisage exclusivement des ensembles et n'étudie pas avec une critique assez sûre chacun des faits particuliers dont sont faits ces ensembles.

VII.

LA NOTION DE LANGUE MIXTE.

Durant longtemps, la linguistique historique a opéré avec l'hypothèse tacitement acceptée que la langue se transmet de génération en génération, chaque enfant reproduisant de son mieux le parler de son entourage. Tel est le cas qui semble normal et qu'on observe souvent en effet.

Mais il arrive qu'une population change de langue. Ce n'est pas un fait exceptionnel : parmi les pays dont l'histoire est connue — et l'on sait que nulle part, dans le cas le plus favorable, l'histoire faite au moyen de textes ne remonte au delà de cinq mille ans environ, période courte par rapport au développement total de l'humanité —, il n'y a presque pas un peuple qui n'ait changé de langue au moins une fois, et généralement plus d'une fois.

De tous les pays, l'Égypte est celui dont l'histoire remonte le plus haut et où il y a le plus de conservation ; or, après avoir persisté durant environ quatre mille ans de période historique, l'égyptien est sorti de l'usage et a été remplacé par l'arabe, sans que le fond de la population ait sensiblement changé ; la conquête macédonienne a amené une colonie grecque, surtout à Alexandrie, et elle a entraîné l'hellénisation de petites couches de dirigeants ; mais le fond de la population est demeuré le même, même en tenant compte des émigrants venus de Syrie. — Sur le territoire de la France actuelle, le gaulois a dû arriver avec la conquête celtique, durant la première moitié du millénaire qui a précédé l'ère chrétienne ; puis il a cédé la place au latin après la conquête romaine ; la conquête gauloise ne paraît pas avoir renouvelé la population, et la conquête romaine n'a sûrement apporté que peu d'éléments nouveaux. — Il serait aisé de multiplier les exemples : il intervient souvent des changements de langue. Il importe d'examiner en quelles conditions se font ces changements et quels en sont les effets.

Le cas le plus facile à observer est celui qui se rencontre actuellement presque partout en Europe. Dans chaque région, il y a un groupe de parlers locaux de même famille et une langue écrite, langue de civilisation qui sert à tous les usages généraux, aux relations avec l'ensemble du pays et qui est la langue du gouvernement, de l'école, des administrations, de la presse, etc. En pareil cas, la langue écrite a sur les parlers locaux une forte influence.

Alors il se produit deux mouvements de sens divers et qui aboutissent à un même résultat final.

Le parler local s'emplit d'éléments empruntés à la langue générale, qui seule est en mesure de répondre aux besoins nouveaux de la civilisation et dont le prestige est grand par rapport au parler local : c'est la langue des gens les plus puissants et les plus cultivés. En étudiant les parlers locaux de la Gaule romane,

M. Gilliéron a reconnu que, dans les cas où ils éprouvaient un embarras, ces parlers ont cherché dans le français général les moyens de se tirer de difficulté. Ainsi, loin de fournir une tradition pure et résultant de leur histoire propre, les parlers gallo-romans comprennent, en une large mesure, des éléments français généraux « patoisés ». Les études sur les parlers gallo-romans comportent maintenant un grand chapitre sur les procédés par lesquels ces parlers ont adapté les mots français. Comme le français et le parler sont de même famille, ils présentent pour le fonds ancien de leur vocabulaire des correspondances régulières, et, en tenant compte de ces correspondances, il n'est pas difficile aux sujets employant le parler local de faire, avec des mots français, des formes de type patois, ou de transporter dans le patois des tours de phrase français. En revanche, ce travail d'illettrés est souvent si bien fait que le linguiste a peine à discerner dans le patois ce qui est vraiment indigène de ce qui est adapté.

La supériorité de la langue générale et par sa valeur et par les commodités qu'elle présente pour communiquer avec d'autres hommes est telle que, en dépit des vieux usages, on tend bientôt à préférer cette langue générale au parler local, comme on substitue le costume urbain aux costumes locaux. Mais il est moins facile de changer de langue que de costume. Si les parlers locaux de la France sont souvent en grande partie du français patoisé, le français employé au village est souvent du patois francisé. Dans bien des cas, il suffit de changer un peu le mot local pour en faire un mot français correct : le mot *lwé* du village devient français dès qu'on le prononce *lwa* (*loi*). Le mot berrichon *lavwé* est un peu plus difficile à franciser ; il ne suffit pas de le prononcer *lavwa* : il faut ajouter *r* (fr. *lavoir*) ; aussi y a-t-il chance que *lavwé* survive quelque temps ; mais tout le monde finit par dire *lavoir*, à la manière française. Ce qui survit le plus, ce sont certains usages grammaticaux fixés dans le mémoire et dont on prend à peine conscience, comme il a été indiqué ci-dessus, p. 26. Ces usages s'éliminent à leur tour, et ainsi, morceau par morceau, le parler local est remplacé par le français général. Ce mouvement se produit maintenant d'une manière rapide, plus vite dans certaines régions que dans d'autres : le français général élimine plus le parler local dans le centre de la France qu'en Picardie par exemple. Mais le mouvement a lieu partout, et dès maintenant on entrevoit le moment où, dans la France du Nord, toute étude des parlers locaux sera devenue impossible, parce que ces parlers seront sortis de l'usage. Or, ils étaient encore usuels partout dans les villages à la fin du XVIIIe siècle ; et, encore dans la première partie du XIXe siècle, la façon de parler dans tous les villages de France conservait au moins des restes considérables du type local.

Le fait français n'est pas une nouveauté dans l'histoire. Au Ve siècle av. J.-C., presque chaque localité grecque avait son parler propre. A partir de cette époque, l'action de la langue générale, de plus en plus forte, élimine les unes après les autres les particularités locales, et une langue commune, fondée sur l'usage attique, se répand sur toute la Grèce. Malgré des réactions multiples, cette langue s'est imposée partout, et, dès l'époque impériale, on voit que l'emploi en était devenu à peu près universel sur le domaine hellénique. Les parlers grecs modernes, qui ont de nouveau divergé les uns d'avec les autres, continuent tous cette langue commune. Et c'est à peine si l'on entrevoit sur un point quelque menue survivance des parlers locaux du grec antérieurs à la généralisation de la langue commune.

Mais cette généralisation ne va pas sans des réactions qui modifient la langue générale. Le grec qui s'est généralisé n'est pas du pur attique. Les traits qui se sont répandus partout sont surtout ceux qui étaient communs à l'attique et à l'ionien et, en outre, quelques particularités propres à l'attique. Mais d'autres particularités trop spéciales à l'attique n'ont pas été acceptées. Par exemple on a préféré *ss* à la prononciation *tt* des formes correspondantes de l'attique, et l'on a dit *melissa* « abeille », comme en ionien et dans la plupart des parlers, non pas *melitta*, qui était la forme d'Athènes. Comme, avec le temps, Athènes s'est conformée aussi à l'usage commun, des particularités attiques ont disparu. Ainsi « aucun » était arrivé au IVe siècle av. J.-C. à se dire *uthēs* à Athènes ; cette forme attique n'a pas prévalu, et la vieille forme *udēs*, qui avait subsisté hors d'Athènes, a fini par revenir à Athènes. Le grec moderne, pour dire « non », a en conséquence *ðen*, qui est l'ancien neutre *udén* « rien ». Le grec commun ne continue donc pas purement un seul parler ; il comprend des éléments appartenant à des parlers voisins les uns des autres, mais distincts.

Même le français général, qui est la langue de Paris, n'est pas sans subir des influences provinciales, malgré le purisme qui prévaut en France.

Ainsi une langue générale est plus ou moins une langue mixte, par la manière dont elle se constitue et par la complexité des éléments qui y entrent.

Ceci peut aller loin. L'italien général est fondé sur l'usage toscan ; mais la prononciation n'admet pas les particularités toscanes, et l'on enseigne volontiers que l'italien général est une *lingua toscana in bocca romana*. L'anglais général repose sur l'usage de Londres ; mais, placé au point de rencontre de dialectes divers, Londres a dans son parler des traits qui proviennent de régions différentes. Ainsi les langues générales, par le fait qu'elles se sont fixées pour répondre aux besoins d'hommes dont les origines sont différentes, ne reposent pas sur une tradition une, même dans les cas les plus favorables.

Il peut même y avoir de l'artifice dans la manière dont se constituent les langues générales. Ainsi le grammairien Vuk qui a donné au serbo-croate écrit sa forme, s'est fondé sur les parlers d'une région serbo-croate où l'ancien x (h) était amui ; et il avait commencé par fixer la langue sans h. Après réflexion, il lui a paru bon de tenir compte des parlers, de type plus archaïque, où h s'était conservé. La langue qu'il a fixée s'est trouvée ainsi être composite. Et, comme les sujets appartenant à des régions où h avait disparu avaient peine à prononcer h, il y a sur ce point un flottement dans l'usage serbo-croate général et beaucoup de trouble.

L'extension d'une langue générale n'est pas limitée aux cas où les parlers locaux appartiennent au même type linguistique que cette langue générale et ont une même origine. Quand la langue générale est nettement différente des parlers locaux, les faits se présentent d'une manière autre que dans le cas étudié ; mais le développement est semblable à plusieurs égards.

D'une part, la langue indigène à laquelle se superpose

une langue générale différente, se réduit à des usages locaux et inférieurs. Dès lors, elle se charge d'éléments empruntés à la langue générale. C'est ainsi que, dans l'Armorique française, le breton s'emplit de mots et de tours français. Il peut être parlé avec négligence et perdre quelques-unes de ses particularités les plus caractéristiques. Par exemple, le breton de la région de Vannes s'est beaucoup détérioré. Une langue réduite à des usages locaux tend à perdre une partie de plus en plus grande de ses éléments. En général, ceci importe peu pour l'histoire de la langue ; car un idiome aussi dégradé finit par s'éliminer tout à fait.

L'usage de la langue générale, plus commode, et qui classe le sujet parmi les gens cultivés, se répand de plus en plus. Mais les gens qui passent ainsi à la langue générale ne sauraient la parler exactement comme ceux pour qui elle est traditionnelle. Outre des termes locaux désignant des animaux, des plantes, des usages, des formes de pays pour lesquels la langue générale n'a pas de mots aussi précis, il subsiste chez les sujets qui sont passés à une langue nouvelle des manières anciennes de s'exprimer ; la prononciation n'est d'ordinaire pas reproduite d'une manière parfaite.

Qu'on observe, par exemple, ce qui se passe en France. Bien que les parlers du Nord et du Midi soient également gallo-romans, ils diffèrent assez pour qu'on ne se comprenne absolument pas, avec le parler local, d'une région à l'autre. Quand les méridionaux emploient le français général, qui, pour les habitants des villes, est souvent aujourd'hui la seule langue qu'ils connaissent, ils le prononcent d'une manière spéciale, et qui d'ailleurs diffère d'une région à une autre. La caractéristique des voyelles est plus haute dans le Midi de la France que dans le Nord ; les timbres vocaliques employés sont autres ; les voyelles nasales sont autrement articulées ; les *e* muets, dont la répartition en français est chose délicate et subtile, sont placés de manière incorrecte ; bref, l'ensemble de la prononciation diffère. La grammaire même comporte des différences : le prétérit simple, dont la langue écrite a maintenu l'emploi, mais qui n'existe plus dans le français parlé de la région parisienne, est fréquent chez les méridionaux parlant français. Ainsi, même dans un cas où, comme en français, il y a un type unique d'enseignement de la langue, une influence puriste puissante et un usage fixé avec une rigueur nulle part dépassée, rarement égalée, la généralisation de la langue ne va pas sans une forte adaptation aux habitudes locales. En se généralisant, le français se brise en français régionaux, et le modèle parisien n'est exactement reproduit dans aucune province. Si ces français régionaux n'ont jamais été décrits avec précision, ils n'en existent pas moins. Comme on dit, l'influence du « substrat local » se fait sentir, et, pour autant qu'on peut observer l'extension des langues générales, cette influence paraît inévitable.

Sans doute l'action de l'école et de la langue écrite et le désir qu'ont les sujets de parler correctement tendent à unifier la forme de la langue générale ; mais cette unification ne saurait être parfaite. La norme de la langue peut être la même partout ; mais elle ne se réalise pas de même partout.

Sans doute même y a-t-il quelque chose de plus profond : des expériences indiquent que, si les caractères anatomiques acquis ne se transmettent pas, il y aurait une hérédité des habitudes acquises. Or, l'usage linguistique a, au plus haut degré, le caractère d'un ensemble d'habitudes acquises. En apprenant une langue nouvelle, les sujets ne perdent pas pour cela leur hérédité. Des tendances qui se font jour dans la langue indigène peuvent dès lors se manifester aussi dans la langue nouvellement adoptée. On comprend ainsi que le latin ait subi des transformations particulièrement profondes sur les domaines où il a remplacé d'autres langues à tendances toutes différentes, et notamment le gaulois. On sait, par exemple, que l'un des traits qui caractérisent le celtique est une forte tendance à altérer, à conformer aux voyelles voisines et même à éliminer les consonnes placées entre voyelles. Or, nulle part plus que sur le domaine gallo-roman, et surtout en français, les consonnes intervocaliques latines ne se sont altérées ou même n'ont été éliminées comme elles l'ont été en français : *lepore(m)* devient *lièvre,* et *amatam* devient *aimée*. On est amené ainsi à supposer que les innovations les plus caractéristiques du français tiendraient, non seulement à la façon dont le latin a été prononcé en Gaule, mais à une hérédité d'habitudes acquises par les sujets parlant gaulois. Avec cette forme de l'hypothèse, les objections que l'on fait souvent à la théorie du *substrat* se résolvent immédiatement. Le passage de *u* fermé à *ü* sur le domaine gallo-roman et en Alsace ne serait pas une survivance immédiate du gaulois, mais l'effet lointain de certaines habitudes acquises transmises par hérédité.

Si l'explication — au moins partielle — de la diversité des formes prises sur différents domaines par une langue qui se généralise est souvent contestée, c'est qu'on envisage les faits d'une manière trop mécanique : il ne faut pas s'attendre à trouver dans la langue généralisée des particularités du « substrat » sous forme brute. L'action est complexe et se manifeste sous des formes au premier abord peu apparentes.

Ceci posé, une langue généralisée est, sur les domaines où elle s'étend, une langue plus ou moins mixte, puisqu'à côté d'une norme universelle, on y observe l'influence — sans doute profonde — d'usages locaux, d'habitudes locales.

D'ailleurs, et même en dehors de ces influences intimes, l'emprunt suffit à donner à une langue un aspect nouveau s'il devient fréquent. Le fait que l'anglais doit au latin et au français plus de la moitié de son vocabulaire suffit à lui seul à le différencier d'avec les autres langues germaniques. La prononciation même en est touchée, puisque les mots empruntés ont gardé leur accentuation et que l'accentuation germanique sur l'initiale du mot a cessé, dès lors, de garder son caractère de constance. On peut emprunter des manières de parler : le tour allemand *was für* peut être transposé dans un tour slave *čto za*. Il se produit même des expressions dont les éléments sont pris à deux langues : en latin, le grec *kath-ena* (littéralement « par un ») a été en partie calqué, en partie emprunté, et il est résulté de là **cata-uno*, **cat-uno*, d'où espagnol *cadauno*, italien *caduno* « chacun ».

Qui dit emprunt admet que le sujet parlant a conscience de deux langues distinctes. Et en effet, dans les langues à morphologie compliquée comme les langues indo-européennes, les langues sémitiques, les langues bantous, ou même dans des langues à morphologie plus simple, mais comportant des caractéristiques bien définies de catégories grammaticales, le sujet parlant doit toujours parler une certaine langue ; il a le sentiment de parler ou une langue ou une autre ; et il ne saurait mêler la morphologie d'une langue à celle d'une autre. Si dégénéré que puisse être son breton, l'habitant de la région de Vannes sait s'il parle français ou breton. Car il emploie suivant les cas deux morphologies essentiellement distinctes. M. Marr a supposé que la morphologie arménienne, dont le caractère indo-européen est manifeste, comprendrait des éléments dus à une population antérieure à l'arrivée dans le pays arménien d'hommes parlant une langue indo-européenne ; mais il n'a pas réussi à démontrer cette hypothèse et il n'a, hors de son école propre, convaincu aucun des linguistes qui s'intéressent à l'histoire de l'arménien.

Pour des langues comme celles d'Extrême-Orient qui ont un minimum de morphologie, et où la phrase se fait à l'aide d'ordres de mots définis et de mots accessoires, on conçoit mieux que le sujet parlant emprunte des procédés à deux langues. On se représente aisément qu'un Annamite puisse mêler à son parler propre des traits du chinois. La juxtaposition de deux langues de cette sorte est relativement aisée. Et ce n'est peut-être pas un hasard qu'il soit difficile, en Extrême-Orient, de reconnaître et d'établir des parentés de langues.

En fait il ne s'est pas rencontré jusqu'ici de cas où l'on ait été conduit à poser que le système morphologique d'une langue donnée résulte d'un mélange des morphologies de deux langues distinctes. Dans tous les cas observés jusqu'à présent, il y a une tradition continue d'une langue ; il peut y avoir un nombre plus ou moins grand d'emprunts, et ces emprunts peuvent occasionner certains procédés nouveaux de formation des mots ; la tradition peut être du type courant : transmission de la langue des anciens aux jeunes, ou résulter d'un changement de langue : apprentissage d'une langue de communication par une population qui abandonne finalement son idiome propre. Mais il y a tradition une pour le système morphologique.

Néanmoins on ne saurait affirmer que, dans certains cas favorables, il n'y ait pas eu des « mélanges » véritables. Le jour où l'on viendrait à les rencontrer, la tâche du linguiste serait malaisée. Si l'on a pu arriver à faire, par la comparaison, l'histoire de quelques langues, c'est que l'on était sûr que chaque système nouveau devait s'expliquer en partant d'un système unique. Au cas où l'on devrait faire état de deux systèmes initiaux et de réactions de l'un sur l'autre, les méthodes actuelles ne suffiraient pas. Car le droit qu'on aurait de choisir entre deux séries de formes originelles causerait un tel arbitraire que toute démonstration deviendrait presque irréalisable. Malgré les hypothèses faites en ce sens, les linguistes ne se sont par bonheur jamais jusqu'ici trouvés de manière sûre devant pareille difficulté. Pour en triompher, la linguistique devra, si la difficulté vient à se rencontrer vraiment, élaborer de nouvelles méthodes, plus délicates que celles qui sont décrites ici, et il resterait à les éprouver.

VIII.

LES FORMULES GÉNÉRALES DE CHANGEMENT

Tant pour répondre à son usage qui est de servir de moyen de communication entre membres d'une société que parce que la tendance normale de tout groupe social est d'établir une exacte conformité entre ses membres, la langue de chaque groupe social tend à être une. La manière de prononcer, la morphologie dont se servent les sujets parlant une même langue concordent à beaucoup d'égards avec une précision rigoureuse. Des détails de formes, des nuances de sens que le grammairien le plus exact a peine à discerner et à formuler se maintiennent souvent pendant des suites de générations sans subir aucune altération notable. Ces concordances minutieuses n'excluent pas de fortes divergences portant sur quelques points ; mais ces divergences partielles ne sont possibles que justement parce que la langue a un fond d'unité, parce que les sujets parlants d'un même groupe sentent qu'ils sont d'un même type.

Quand des changements viennent à se produire, ils doivent dès lors porter sur le groupe dans son ensemble, sous peine d'en entraîner la dislocation. Et l'on constate en effet que les changements linguistiques atteignent l'ensemble des sujets. Le langage ne vit que de communauté ; si les sujets se mettaient à modifier la langue d'une manière indépendante, elle ne répondrait plus à son objet. Comme les conservations des usages anciens, les innovations sont donc générales. Sur la façon dont s'établit cette généralité, on n'a pas encore de données certaines. On aperçoit au moins que les innovations sont en partie générales et en partie généralisées. Elles dépendent de conditions communes à tous les sujets, mais la fixation est due sans doute pour beaucoup au sentiment qu'ont les sujets de devoir employer un même type linguistique. La société réagit souvent d'une manière forte contre les innovations individuelles en matière de langue.

Ce qui montre que le changement ne tient pas à la généralisation plus ou moins fortuite d'innovations individuelles, c'est que des changements parallèles ont lieu dans des cas dont le linguiste voit la similitude, mais où le sujet parlant ne peut apercevoir que des différences. Les langues romanes offrent à cet égard un exemple significatif. L'ancien *ō* long et l'ancien *ŭ* bref du latin ont abouti à un *o* fermé comme la forme ancienne de la plupart des parlers romans ; ainsi la voyelle accentuée de *nōdum* et celle de *gulam* aboutissent à une même voyelle *eu* dans *nœud* et *gueule* du français (la différence d'orthographe est sans signification, et les nuances qu'on observe tiennent à la différence de position en français); or l'ancien *ē* long et l'ancien *ĭ* bref ont de même abouti à *e* fermé : lat. *mē* a abouti à *moi* et lat. *bibit* à *boit* en français. Les deux confusions s'expliquent par des conditions communes, dont les principales sont la perte des oppositions quantitatives et le fait que, en latin ancien, les voyelles longues étaient fermées et les voyelles brèves ouvertes :

ŏ s'est trouvé rapproché de *ŭ*, comme *ĕ* de *ĭ*. Le rapport de *ō* à *ŭ* est le même que celui de *ē* à *ĭ* ; mais, pour le sujet parlant, ce fait théorique n'est pas visible. Le parallélisme des innovations ne peut résulter que de l'effet commun de conditions pareilles.

Si les innovations sont ainsi à la fois communes à divers sujets, sans qu'il y ait action des uns sur les autres, et parallèles entre elles, c'est que dans une certaine mesure, elles dépendent de conditions générales.

Tous les linguistes qui ont eu à examiner des changements phonétiques et à fixer des règles de correspondances entre des langues diverses ont senti que ces changements ont lieu suivant certains types généraux. Quelques types de faits s'observent dans un grand nombre de cas. Par exemple, les occlusives dites gutturales — en réalité caractérisées par le contact ou le rapprochement de la surface de la langue et du palais — sont sujettes à se « palataliser » devant des éléments prépalataux tels que *y* les voyelles et *i*, *e* et même la voyelle *a* orientée vers *e* ; c'est ce que l'on note en marquant que, en pareil cas, *k*, *g* deviennent *k'*, *g'* : le *k* de fr. *qui* est tout autre chose que celui de fr. *cou*. Or, ces *k'*, *g'* prépalataux sont sujets à devenir *tš*, *dž* (*č*, *ǰ*) ou *ts* (*c*), *dz* ; et ces *tč*, *dž* et *ts*, *dz* à devenir simplement *š*, *ž* et *s*, *z*. Par exemple, lat. *cinere(m)* est devenu fr. *cendre* et lat. *carbōne(m)* fr. *charbon*. Des développements pareils s'observent un peu partout dans le monde et dans les familles de langues les plus variées.

Mais il y a des formules plus délicates dont M. Grammont a reconnu l'existence dans son travail fondamental sur la dissimilation consonantique. Si, dans un même ensemble d'émissions phoniques, un mouvement articulatoire doit être répété, le sujet parlant tend à éviter cette répétition.

Cette tendance n'atteint pas également tous les phonèmes ; il y a des mouvements articulatoires moins faciles et courants que d'autres, et ce sont ceux-ci qu'on vise à ne pas faire deux fois à bref intervalle. La prise des positions particulières que la langue doit occuper pour *l* et *r*, l'abaissement du voile du palais qui est essentiel pour *n* et *m* sont des mouvements dont la répétition est évitée souvent.

Alors, c'est dans un ordre défini que la suppression a lieu. Par exemple, si l'ancien *uenēnu(n)* aboutit en italien à *veleno*, c'est-à-dire si, de deux *n* que comprend le mot, l'une a perdu l'abaissement du voile du palais et a, en conséquence, passé à *l*, c'est la première qui est ainsi altérée ; sauf réaction due à des faits particuliers, de deux *n* ainsi placées c'est la première, non la seconde, qui perd sa nasalisation. Ce sont donc des conditions générales qui règlent la façon dont se produit la dissimilation, et ces conditions se laissent formuler. M. Grammont a réussi à les déterminer entièrement.

Ceci permet de reconnaître, en bien des cas, la manière dont une innovation a eu lieu. On sait, par exemple, que, dans les langues où l'accent sert de centre au mot, les voyelles de syllabes accentuées sont traitées autrement que les voyelles de syllabes inaccentuées. Or, on observe ici deux types distincts d'altération des voyelles inaccentuées.

Dans certaines langues, les voyelles inaccentuées tendent à perdre à la fois une partie de leur durée et beaucoup de leur timbre propre : elles se réduisent souvent à un timbre plus ou moins neutre, tel qu'est celui de l'*e* allemand des syllabes inaccentuées ; cet *e* peut, suivant les cas, reposer sur une voyelle ancienne de timbre quelconque. On observe actuellement pareille altération en russe : les voyelles inaccentuées y deviennent de plus en plus indistinctes ; elles ont de moins en moins un timbre propre, tandis que les voyelles accentuées sont prononcées nettement.

Dans d'autres langues au contraire, les voyelles inaccentuées s'altèrent en fonction de leur degré d'ouverture : *e* et *o* deviennent *i* et *u* ; et les voyelles *i* et *u* s'amuissent purement et simplement ; c'est ce qui s'est produit dans les parlers grecs modernes du Nord.

Or, en allemand, en anglais ou en russe, les syllabes accentuées sont avant tout intenses, et beaucoup plus intenses que les inaccentuées ; au contraire, en grec moderne, les voyelles des syllabes accentuées sont caractérisées surtout par leur durée : elles sont plus longues que les autres. Si les voyelles inaccentuées tendent à perdre leur timbre propre, c'est donc en vertu de l'intensité plus grande des voyelles accentuées ; si les voyelles inaccentuées tendent à se fermer, *e* et *o* en *i* et *u*, c'est en vertu de la durée plus grande des voyelles accentuées : *i* et *u*, qui sont déjà par nature des voyelles plus brèves que *e* et *o*, ne peuvent s'abréger davantage qu'en disparaissant.

Dès lors, là où l'on observe des faits comparables à ceux du type grec septentrional, il y a lieu de croire que c'est en vertu d'oppositions quantitatives. Par exemple, rien ne permet d'attribuer à l'accent arménien une intensité comparable à celle de l'accent anglais, allemand ou russe moderne : l'arménien actuel a un accent peu intense ; si donc *i* et *u* inaccentués se sont amuis en arménien ancien, tandis que *a*, *e* et *o* inaccentués se maintenaient, c'est sans doute que, comme en grec septentrional, les voyelles accentuées étaient sensiblement plus longues que les inaccentuées. De même il n'y a aucune raison de croire que le roman initial (dit latin vulgaire) ait eu un accent bien intense, et l'on sait que l'accent du français actuel comporte une très faible intensité : il est donc arbitraire de supposer que, à un moment de son histoire, le français aurait eu un accent du type allemand ou russe ; ce n'est pas un accent peu intense de ce type qui aurait entraîné les grandes réductions de voyelles observées dans le passage du latin en français : si *camera* est devenu *chambre*, ce n'est pas parce que *ca-* était accentué avec beaucoup plus de force que *me* et *ra*. Le développement est plutôt du type grec septentrional ; et, en effet, il a atteint la voyelle la plus ouverte, *a*, moins que les autres voyelles : *nouu(m)* a donné *neuf*, tandis que *noua(m)* a donné *neuve* ; dès avant les premiers textes français, l'*u* de *nouu(m)* s'est amui, tandis que l'*a* de *noua(m)* s'est réduit à *e* dit muet ; et ce n'est qu'au cours de l'histoire du français, et même à date relativement récente, que l'*e* de *neuve* a cessé de se prononcer.

La recherche des conditions générales où les changements phonétiques peuvent se produire n'est qu'à ses débuts. Mais, dès maintenant, on y rencontre beaucoup de faits certains. Par exemple, une consonne appuyée, c'est-à-dire suivant une autre consonne, est plus forte, c'est-à-dire plus susceptible de durer, qu'une consonne placée entre voyelles ; le *-t-* intervocalique de *dōtāre* a disparu dans fr. *douer* ; mais le *-t-* précédé de *-k-* de *lac-*

tūca a subsisté dans fr. *laitue*. Il y a, dans ces constatations de quoi guider le linguiste.

Toutefois des formules exactes ne se laissent pas encore trouver dans tous les cas. Il faut du moins toujours observer les conditions propres à certains phonèmes. Par exemple le *y*, loin d'entrer dans la règle des consonnes appuyées, tend à se fondre dans la prononciation d'une consonne précédente, si bien qu'il perd souvent son existence propre en altérant profondément cette consonne. Mais on pourrait écrire — Schleicher l'a déjà tenté, prématurément — une étude d'ensemble sur les combinaisons de *y* avec les consonnes précédentes et les phénomènes multiples qui en résultent.

Il y a des cas complexes : des groupes de consonnes intervocaliques comme *-mn-* admettent des traitements variés. En italien, *-n-* est traitée comme si elle était appuyée, et *somnu(n)* aboutit à *sonno* ; en français au contraire *-mn-* forme un groupe qui appartient tout entier à l'explosion, et c'est *m* qui y domine, d'où *somme* ; en espagnol, enfin, il se produit un phonème complexe, et l'aboutissement est *sueño*, où l'on ne retrouve proprement ni *m* ni *n*. A essayer de ramener ces traitements à une formule une on perdrait sa peine. Mais il ne devient pas impossible pour cela de poser des formules : les formules ne s'appliquent pas à l'ensemble du développement entre un moment initial et divers aboutissements plus ou moins lointains. Les formules de la phonétique générale évolutive s'appliquent seulement au moment où a lieu chaque changement partiel. Si *somnu(m)* a donné *sonno* en italien, c'est que, au moment où a eu lieu l'assimilation, *-mn-* formait un groupe de deux consonnes distinctes où *-n-* était traitée comme appuyée. Si *somnu(m)* a donné *somme* en français, c'est que, au moment du changement, *-mn-* était étroitement groupé et que *-n-* avait perdu son autonomie. Il sort de là la conclusion que, dans un groupe tel que *-mn-*, la nasale *-n-* est sujette à perdre son caractère de consonne appuyée, ce qui tient au caractère spécial des nasales *m* et *n*.

Enfin — et ceci est le trait essentiel —, les formules de la phonétique générale évolutive indiquent des possibilités, non des nécessités. On peut déterminer comment une consonne placée entre voyelles est sujette à s'altérer; mais ceci n'implique pas qu'elle s'altérera. Un *-k-* placé entre voyelles est sujet à s'altérer soit en spirante gutturale *x* (le *ch* allemand) soit en occlusive sonore *g* ; et le *x* et le *g* peuvent subir ultérieurement d'autres altérations dues à la position intervocalique ; par exemple le *k* roman a fini par passer à *i* en français dans un cas tel que *auca* donnant *oie* (maintenant prononcé *wa*) ; mais un *k* intervocalique de l'indo-européen a subsisté partout en slave, et le *k* qu'on prononce aujourd'hui dans polonais *piekę* « je cuis » existe dans cette première personne depuis l'indo-européen (l'*i* de fr. *cuis* représente le même élément — après bien des transformations successives).

En matière de morphologie, les choses se passent de manière moins rigide qu'en matière de phonétique. La morphologie est le domaine de la survivance.

Telle catégorie grammaticale qui s'explique par la mentalité des hommes d'une certaine société persiste longtemps après que cette mentalité a disparu. Les hommes qui voient des forces internes derrière les phénomènes naturels et les événements peuvent classer les notions en animées et inanimées et, dans l'animé, distinguer systématiquement ce qui est mâle ou assimilé au mâle de ce qui est femelle ou assimilé à une femelle. On conçoit alors comment l'arbre qui produit des fruits peut être nommé au féminin et le fruit au « neutre » (genre inanimé) ; mais pareille mentalité n'existait plus dans la Rome du Iᵉʳ siècle ap. J.-C., et une opposition comme celle entre *pirus* « poirier » (féminin) et *pirum* « poire » n'était plus qu'une survivance. Dans le français actuel, il serait très choquant de dire *la ciel* ou *le terre* ; mais personne ne saurait dire pourquoi, au point de vue d'un Français d'aujourd'hui ; ce n'est qu'en vertu d'une tradition séculaire que les substantifs s'opposent ainsi.

Telle catégorie qui a eu un sens fort et un large emploi tend à perdre de son sens et beaucoup de son usage. Dans le verbe latin, le « subjonctif » était une pièce essentielle, et le rôle du subjonctif domine la syntaxe latine. Mais le rôle du subjonctif n'a cessé de se restreindre depuis l'époque romane commune. Aujourd'hui, en français, le subjonctif sert de substitut à des formes manquantes de l'impératif : à côté de *viens, venez*, on a *qu'il vienne, qu'ils viennent*. Et il y a des tours de phrases où le subjonctif est encore de rigueur : *je veux qu'il vienne, il faut qu'il vienne*. Mais le français actuel n'a plus le sens de la valeur du subjonctif. De là vient que la langue populaire en restreint l'usage de plus en plus : le français littéraire a *je doute qu'il vienne* ; mais en français courant, on tend à dire : *je doute s'il viendra*. Un tour tel que : *s'il fait cela et qu'il dise ce qu'il pense, il aura tort* est maintenant archaïque.

Sous le bénéfice de cette réserve, la morphologie évolue

comme la phonétique, d'après des formules générales. Un fait fondamental de l'évolution des langues indo-européennes en fournira un exemple.

En indo-européen commun, le nom et le verbe étaient également des formes fléchies. Il n'y avait pas une forme du nom, celle du cas sujet par exemple, dont les autres auraient été des dérivées : un nom se composait d'un ensemble de formes casuelles dont aucune ne commandait les autres; il n'y a pas en latin un mot *loup*, mais un ensemble *lupus, lupe, lupum, lupī, lupō*, où aucune de ces cinq formes ne sert à former les autres, pas plus qu'elle ne sert à former le pluriel *lupī, lupīs, lupōrum, lupīs*; il n'y a pas un nom de l' « homme », mais un ensemble *homō, hominem, hominis, hominī, homine*, et ainsi toujours. De même il n'y a pas une forme de « aller » qui commande les autres, mais *eō, īs, it*, et de *ībam, ībō, eam, īrem*, etc.

Or, au cours du développement des langues indo-européennes, les formes nominales ont, plus ou moins tôt, mais partout, tendu à réduire leur flexion : sauf les formes anciennes de l'indo-iranien, aucune langue indo-européenne ne présente au complet toutes les formes de la déclinaison. Et, avec le temps, la déclinaison a disparu dans une grande partie des langues, ainsi dans les langues romanes, en anglais, en persan ; ou bien la forme du cas sujet a pris une importance dominante, ainsi en slave, ou a servi de point de départ aux autres formes, ainsi en arménien. Au contraire, toutes ces langues ont conservé une flexion verbale, sinon aussi riche que la flexion indo-européenne, du moins variée, complexe, pourvue de formes multiples. La comparaison entre le verbe français, encore si encombré de formes diverses, et le nom français, invariable, est significative.

Ce n'est pas un accident : le sémitique commun avait une flexion nominale à trois cas distingués par des désinences ; seuls, l'akkadien le plus ancien (babylonien) et l'arabe classique en donnent une idée ; l'akkadien récent et l'arabe moderne l'ont éliminée ; au contraire, le verbe sémitique a partout, et même dans une langue aussi évoluée que l'araméen, une conjugaison riche de formes. Et, d'une manière générale, on observe souvent ce contraste entre l'absence de flexion nominale et la richesse de la flexion verbale.

Ceci tient à la nature du nom et du verbe. Le nom indique une notion de caractère permanent : une chose, une personne, ou une qualité ; le verbe indique un procès, qu'il s'agisse d'une action proprement dite ou d'un état : « il mange, il dort », etc. Par cela même qu'il indique une notion permanente, le nom comporte une forme unique ou, tout au plus, une forme principale dont se tirent les autres. Au contraire, le verbe, qui indique un procès, comporte des formes personnelles et l'expression de nuances qui sont diverses suivant les langues, mais qui peuvent être nombreuses. Le fait que les formes du nom et celles du verbe obéissent à des tendances divergentes résulte donc de la nature des choses.

Qu'il s'agisse de phonétique ou de morphologie, les formules générales du développement s'expliquent par des conditions communes à tous les hommes, ou, du moins, à tout un type de civilisation.

IX.

LES INNOVATIONS SPECIFIQUES.

Les conditions communes à tous les hommes ou à tout un type de civilisation ont pour effet de maintenir l'unité. Mais il y a aussi des conditions propres à certains groupes d'hommes, à certains temps, à certaines régions. De ces conditions spéciales, il résulte qu'une langue une à un moment donné se différencie avec le temps en parlers divers.

Tant qu'il n'intervient pas de tendances caractéristiques nouvelles, le système linguistique ne change pas essentiellement. Les modifications qu'amènent les tendances générales au changement ne provoquent pas d'ordinaire la création de phonèmes nouveaux. Ainsi, quand un phonème perd par dissimilation l'un de ses éléments, la langue ne garde pas le phonème singulier qui résulterait purement et simplement de la dissimilation. Si, dans un ancien *veneno,* la première des deux *n* perd l'abaissement du voile du palais, le résultat n'est pas une occlusive très faible sans nasalisation, comme on l'attendrait; ce phonème dont l'articulation serait trop peu marquée a été aussitôt remplacé par un phonème de type voisin existant dans la langue, et l'on a *veleno* ; l'*n* dénasalisée n'a eu qu'une existence virtuelle. Le changement une fois accompli, il y a eu dans la langue une *l* dans un mot de plus, mais non pas un type phonique de plus.

On observe fréquemment des faits de ce genre. A date relativement récente, le français a perdu *l* mouillée qui était un phonème fréquent ; ce n'a été qu'une simplification de l'articulation, et il n'est intervenu aucun grand fait qui ait pu provoquer une variation notable du système articulatoire. Aussi l'élimination de *l* mouillée n'a-t-elle pas eu pour conséquence de créer quelque phonème nouveau : *l* mouillée s'est simplifiée en *y*, c'est-à-dire en un phonème qui se trouvait couramment, dans *miel* et dans *pied*, dans *yeux* et dans *aïeux*, etc. Après l'innovation, le français a eu beaucoup plus de *y* qu'il n'en avait précédemment ; mais le système phonique n'a pas été modifié.

Les anciens **sw*- et **tw*- ont abouti en arménien à *k*ʿ (*k* dit aspiré). Ceci a supprimé des *w* consonnes ; mais le *k*ʿ ainsi produit est identique à des *k*ʿ d'autre origine qui existaient en arménien, dans des mots comme *k*ʿ*an* « que » ou *lk*ʿ*anem* « je laisse ».

En morphologie, le simple jeu de l'analogie ne fait qu'élargir l'emploi de catégories existantes sans en créer de nouvelles. Si en français *dites, faites* sont remplacés par *disez, faisez,* la langue n'a rien de nouveau ; car on dit *lisez, taisez*, etc. Si, en grec, on a fait *hestēka* en face de *hestamen*, avec -*k*- d'après *ethēka, ethemen,* ce n'a été que pour faciliter la formation du parfait ; on a beaucoup élargi l'emploi d'un procédé qui se trouvait à l'origine dans deux ou trois formes seulement ; mais il n'a été constitué ni un procédé nouveau ni une catégorie nouvelle.

Or, l'expérience montre qu'il se crée des procédés nouveaux et phoniques et morphologiques. Dans toutes les langues indo-européennes, on observe des innovations qui ont transformé la langue en y introduisant des phonèmes jusque-là inusités, des formes grammaticales neuves et même des catégories neuves. Il y a donc des innovations spécifiques qui ne se laissent ramener à aucune tendance de caractère universel.

L'indo-européen avait des occlusives sourdes, articulées avec force, et où l'explosion n'était suivie d'aucun souffle, de sorte que les vibrations vocaliques des voyelles commençaient aussitôt après l'explosion : c'est le type des sourdes *p*, *t*, *k* telles qu'on les rencontre dans les langues romanes, en baltique, en slave, en iranien, par exemple. Il y avait des occlusives sonores, plus faiblement articulées et accompagnées de vibrations du larynx dès le moment de l'implosion : tels sont les *b*, *d*, *g* des mêmes langues. En arménien, en germanique et même en celtique (ici moins radicalement), ces types ont été remplacés par d'autres : l'articulation de *p*, *t*, *k* est devenue plus faible, et un souffle s'est inséré entre l'explosion et le début des vibrations laryngales qui caractérisent la voyelle ; quant à *b*, *d*, *g*, les vibrations laryngales n'ont pas commencé au moment même de l'implosion, de sorte que les *b*, *d*, *g* ainsi prononcés se sont rapprochés du type sourd (en Français des *b*, *d*, *g* de cette sorte font l'effet de *p*, *t*, *k* mal réussis). Le système de l'articulation des occlusives a donc changé tout entier. Le système nouveau était moins stable que l'ancien ; et, tandis que les langues qui sont demeurées fidèles au type indo-européen présentent encore, surtout à l'initiale des mots ou en position appuyée (après consonne), l'état indo-européen, il y a eu des innovations de détail nombreuses qui ont dérangé souvent le parallélisme — ainsi l'arménien et le celtique ont perdu l'ancien *p* initial. — Ce grand changement du type articulatoire a des chances de s'être produit brusquement, lorsque l'indo-européen s'est étendu à des populations nouvelles.

Mais il y a d'autres changements spécifiques qui se produisent après le changement de langue, souvent longtemps après, et qui n'ont lieu que peu à peu, sans doute en vertu de tendances héréditaires acquises. Ainsi, dans les langues germaniques, la prononciation de la voyelle de la syllabe suivante se prépare au moment où s'émet une voyelle ; ceci a eu de grandes conséquences. Chacune des voyelles indo-européennes était ou nettement prepalatale ou nettement postpalatale ; au contraire, le germanique, tendant à préparer un *i* ou un *y* quand il prononce un *a* ou un *o* par exemple, a créé des voyelles mixtes, du type de *eu* et *ü* du français. Ces voyelles diffèrent beaucoup d'une langue germanique à l'autre, d'un parler germanique à un autre. Il en est résulté des complications extrêmes, notamment en vieil anglais et dans les parlers nordiques. Ces innovations se sont achevées, pour une large part, peu avant la période historique de ces langues ou encore pendant la période historique. Mais elles étaient amorcées depuis longtemps. Ici encore, il y a une innovation spécifique du germanique, et cette innovation atteint l'ensemble du système vocalique qu'elle transforme radicalement.

Des innovations appartenant à une même tendance peuvent aboutir à des dates assez différentes. Ainsi les formes consonantiques correspondant aux voyelles *i* et *u*, à savoir *y* et *w*, se sont éliminées en grec. Mais, alors que *y* était inconnu de tous les parlers grecs dès une époque bien antérieure à l'époque historique et que, lors de l'emprunt de l'alphabet phénicien, le signe du yod a été affecté à noter seulement la voyelle *i*, au contraire *w* (qu'on nomme en grec digamma) a subsisté longtemps à l'époque historique ; certains textes de beaucoup de parlers ont encore tous les anciens *w* ; d'autres, qui gardent le *w* initial, ont perdu déjà le *w* intervocalique ; quelques particularités de l'attique montrent que, avant l'époque historique, le *w* y a existé. L'élimination de *w* n'a donc eu lieu que longtemps après l'élimination de *y*. Néanmoins, les deux phénomènes résultent d'une même tendance fondamentale ; or, la langue doit à ce changement une part notable de la différence d'aspect qu'on remarque entre l'indo-européen et le grec.

Quelquefois l'unité de la tendance est masquée par des accidents particuliers. Ainsi, en roman, à l'initiale du mot, les anciens *y* et *w* ont tendu à prendre un caractère plus consonantique que celui qu'avaient *i* et *u* consonnes en latin. L'*i* consonne est devenu *dž*, d'où fr. *j* ; ainsi de *iam* on a en italien *gia* et en français *ja-* (dans *jamais*). L'*u* consonne est devenu aussi plus consonne ; mais le latin avait déjà *f* labio-dentale ; la sonore correspondante, *v*, manquait ; la forme consonantique de *u* est venue remplir cette case vide du système phonétique. Or, comme *f* et *v* sont des consonnes stables, ces spirantes ont subsisté. Le traitement de *i* consonne a cessé ainsi d'être parallèle à celui de *u* consonne. — A l'intérieur du mot, entre voyelles, le latin avait perdu *i* consonne bien avant l'époque historique alors que *u* consonne subsistait ; le *u* consonne intérieur a passé aussi à la prononciation spirante, soit *v*.

En matière de morphologie, il y a de même des tendances spécifiques, et il en résulte à la fois des pertes et des innovations.

Il y a plusieurs langues indo-européennes où s'est perdue la distinction des genres grammaticaux. Sans doute cette distinction ne répond plus à rien dans la mentalité des hommes civilisés depuis des siècles. Mais elle survit dans les langues romanes, en allemand, en slave, etc. où, à défaut de valeur sémantique, elle tient une place importante parmi les procédés grammaticaux. On ne voit pas qu'elle avait plus de raisons de disparaître en arménien — où la distinction des thèmes en *-o-* et des thèmes en *-ō-* s'est maintenue dans la déclinaison des substantifs — qu'en allemand par exemple. Or, l'arménien n'en a aucune trace. Il y a vraiment ici tendance spécifique ; car, dans l'iranien occidental, qui est voisin, la distinction des genres s'est également abolie. Et il n'est pas fortuit que, ni en élamite, ni dans le caucasique du Sud, qui sont les langues voisines, il n'y ait pas non plus de différences de genre. L'action du substrat se manifeste ici par la disparition d'une catégorie grammaticale.

Malgré la richesse de sa flexion nominale, le letto-lituanien a perdu la distinction du masculin et du neutre, alors que les formes qui servaient à exprimer le masculin et le neutre demeuraient nettement distinctes. Les finales *-as* et *-a* qui devaient en lituanien répondre à lat. *-us* et *-um* étaient claires. Or, dès le letto-lituanien, la distinction du masculin et du neutre — encore existante en vieux prussien à la fin du XIVe siècle — est abolie. Il y a ici une tendance spécifique, et il est permis de l'attribuer à des mélanges de populations de langue finnoise avec celles qui parlaient le letto-lituanien.

Plus caractéristiques que les pertes, sont les innovations. En indo-européen, les thèmes verbaux exprimaient l' « aspect » : le duratif (présent), le procès pur et simple (aoriste), le procès achevé (parfait), le procès arrivant à son terme (aspect déterminé), etc. Ils n'exprimaient jamais le temps. Le futur n'avait pas d'expression propre. La distinction du présent et du passé s'exprimait par des différences de désinences qui servaient aussi à d'autres usages, ou par l'augment, qui est un mot accessoire, et qui se rencontre seulement dans un groupe dialectal : indo-iranien, arménien et grec. Or, le celtique et l'italique ont largement développé l'expression du temps par les thèmes verbaux, et le temps est devenu, dans la conjugaison celtique ou italique, un élément dominant. Rien de plus spécifique. Le celtique et l'italique ne sont pas pour cela des langues « mixtes » ; car le temps s'exprime par des procédés nouveaux qui diffèrent du celtique à l'italique, de l'osco-ombrien au latin, et même de l'osque à l'ombrien.

Partout ou presque en indo-européen, les formes casuelles cessent de suffire à indiquer des relations concrètes : pour marquer le lieu où l'on est, le lieu où l'on va, on ajoute des prépositions aux cas, en attendant que les prépositions se substituent tout à fait aux formes casuelles. Or, non seulement le lituanien a maintenu un locatif fortement caractérisé et qui se suffit, mais il a constitué un illatif distinct de l'accusatif. Il est vrai que locatif et illatif comprennent des postpositions ; mais, au point de vue lituanien, les formes de ces cas ont le caractère de formes casuelles pures et simples. Ici encore, la concordance avec le type finnois est frappante. Mais pas une forme grammaticale finnoise n'a pour cela pénétré en lituanien pas plus qu'en lette.

Pour comprendre le développement des langues, il importe de marquer l'opposition des tendances spécifiques aux formules générales. Innovations et conservations prennent ainsi une valeur significative que, autrement, elles n'auraient pas.

Il va de soi qu'il ne suffit pas de reconnaître les innovations spécifiques pour déterminer le « substrat » sur lequel une langue nouvellement adaptée s'est développée, ni même pour donner le droit d'affirmer l'existence d'un substrat étranger. Mais on a ainsi le moyen de poser la question, et une première amorce pour la résoudre.

Quoi qu'on pense du « substrat », il faut, dans tous les cas, distinguer des changements normaux les changements qui caractérisent une langue. Quand on considère des périodes étendues de l'évolution, il ressort presque toujours quelques innovations caractéristiques.

X.

NÉCESSITÉ DE PRÉCISIONS NOUVELLES.

Les conclusions énumérées jusqu'ici sont de types divers. Les unes portent sur des faits historiques : l'italien, l'espagnol, le portugais, le français, le roumain sont des formes divergentes prises par le latin. Les autres expriment des possibilités générales : une consonne placée entre voyelles est sujette à des altérations auxquelles échappe une consonne initiale ou une consonne appuyée sur une consonne précédente. Mais, dans les deux cas, le procédé de démonstration est le même. On dira : les concordances entre italien, espagnol, etc. sont telles qu'elles excluent le hasard ; les différences de traitement entre les consonnes intervocaliques et les consonnes initiales ou appuyées sont telles qu'elles excluent le hasard. Tout le problème de méthode porte donc sur l'appréciation du hasard : le linguiste, observant que les dés retombent souvent du même côté, conclut qu'ils sont pipés. Mais combien de concordances et quelles concordances faut-il rencontrer pour qu'on considère comme inadmissible le caractère fortuit de la rencontre ?

On ne saurait faire intervenir le calcul des probabilités. Car les concordances ne sont pas de même sorte ni de même valeur. Le calcul des probabilités ne s'applique utilement qu'à des faits qualitativement identiques et comportant une commune mesure. Tel n'est pas le cas des faits linguistiques.

Par cela même que la qualité, les détails particuliers en doivent être appréciés en chaque cas, il dépend du tact, du jugement, du bon sens des linguistes de tirer des faits le parti qui convient. Tous les linguistes ne sentent pas les choses de la même manière. Tel qui a un sens juste des transformations phonétiques se rend mal compte de la façon dont les sujets parlants se comportent vis-à-vis d'un mot donné ; les dons et les connaissances qui permettent de bien comprendre le développement des formes grammaticales ne sont pas ceux grâce auxquels on devine les actions capricieuses de l' « étymologie populaire ». Ce « coefficient personnel » explique beaucoup de divergences entre les linguistes. Et il y a des esprits faux qui ne sont capables d'apprécier la juste valeur d'aucun rapprochement. Mais, avec de l'exercice et en examinant des séries de faits bien établis, on acquiert une expérience grâce à laquelle on peut juger correctement des divers types de faits comparés. Voici des exemples de rapprochements délicats, où l'on apercevra les difficultés de la preuve.

On constate que, en brittonique comme en gaélique, les consonnes intervocaliques sont traitées autrement que les consonnes initiales. Ce qui tend à indiquer qu'il y a là une tendance commune, c'est que le traitement intervocalique s'applique, dans les deux groupes, aux consonnes initiales de mots étroitement liés à des mots précédents dans la phrase. Mais le résultat diffère d'un groupe à l'autre : en gaélique, les occlusives sourdes intervocaliques deviennent des spirantes sourdes : *t* passe à *p* et *k* à *x* ; en brittonique, au contraire, ces occlusives deviennent des sonores : *t* passe à *d*, et *k* à *g*. Le changement ne s'applique pas aux sonores géminées qui sont plus fortement articulées que les simples. — La différence de traitement entre les sourdes gaéliques et les sourdes brittoniques doit tenir à des propriétés des deux langues considérées ; car, en gaélique, certaines consonnes sonores par nature tendent à s'assourdir, ce qui n'arrive pas en brittonique. En gaélique, le *w* initial a passé à *f*, tandis que, en brittonique, il a donné g^{v} ; en gaélique, le *y* initial a passé à *h* qui s'est amui, tandis que au moins *y* subsistait en brittonique. — Le linguiste observe la coïncidence. Qui admet que la forme des changements phonétiques tient avant tout à la structure phonique de la langue tiendra la coïncidence pour significative. Mais tout le monde ne souscrira peut-être pas à cette conclusion.

Les concordances de faits particuliers ont d'autant plus de valeur probante que ces faits répondent moins à des tendances générales. Pour établir que les langues italiques proviennent d'une même langue commune (d'origine indo-européenne) que les langues celtiques, on dispose de quelques coïncidences. L'une des plus curieuses est que l'ancienne forme du nom de nombre « cinq », qui est *$penk^{w}e$ (*pañca* en sanskrit, *pénte* en grec), est passée à italo-celt. *$k^{w}enk^{w}e$, comme on le voit par *coic* de l'irlandais et *quinque* du latin. La valeur probante de la concordance est difficile à déterminer. On sait que le fait n'est pas particulier à ce nom de nombre ; le même phénomène se retrouve partout où l'on rencontre *p* et k^{w} dans deux syllabes consécutives en italique et en celtique. — L'innovation ne résulte manifestement pas d'une tendance spécifique de l'italo-celtique. Les assimilations de ce genre relèvent de tendances générales à l'assimilation dans deux syllabes consécutives (type de **sešuras* devenant *šešuras* en lituanien). Mais ce qu'il faudrait savoir, c'est quelle est la puissance de cette tendance ; or, on l'ignore. On a peu d'occasions d'observer la consécution *p*... k^w... — Il est certain qu'il y avait, en indo-européen occidental, parenté entre k^w et *p* et que partout, régulièrement en grec (avec des limitations définies), en osco-ombrien et en celtique, sporadiquement en germanique, k^w est passé à *p*. Le passage de **p*... k^w... à *k^w... k^w... en italo-celtique est l'un des faits qui expriment cette parenté. Mais l'assimilation ne s'est pas produite en grec ; l'italique et le celtique ont donc ici une innovation qui les oppose au grec. En germanique, il y a eu une assimilation, mais en sens inverse, et au lieu de *k^w... k^w... il y a eu **p*... *p*... représenté par *f-f* dans un exemple isolé, soit *fimf* en gotique. On voit par là que la tendance à l'assimilation était naturelle, mais que la forme de l'assimilation comportait deux possibilités. Ce qui caractérise l'italo-celtique, c'est, d'une part, le sens dans lequel s'est produite l'assimilation, de l'autre, la constance du phénomène. La concordance est probante, mais moins qu'il ne semble au premier abord.

Par bonheur, le comparatiste a souvent le moyen de trouver des démonstrations relativement objectives.

Le type le plus caractéristique du problème qui se pose au comparatiste historien est l'établissement d'une étymologie par voie de comparaison. Pour donner la preuve d'un rapprochement, il faut montrer que certaines concordances observées ne peuvent être fortuites. Le fait que le mot *erku* « deux » de l'arménien est à rapprocher de grec *dyo, dyō,* latin *duo,* etc., comme on l'a vu p. 6, fournit un bon exemple du type de preuves qu'on peut employer. Au premier abord, le rapprochement surprend. et l'on hésite à l'accepter. En réalité, il est sûr, et l'on peut le montrer aisément.

Tout d'abord, la série des noms de nombre arméniens, de « un » à « dix », est indo-européenne. La forme *erku* de « deux » est la seule qui ne soit pas transparente du premier coup. Un emprunt, peu vraisemblable *a priori* pour un nom de nombre dans une ancienne langue indo-européenne où le vieux fonds de vocabulaire est si bien conservé dans l'ensemble, est d'autant moins admissible qu'aucune des langues connues près de l'arménien ne fournit une forme pareille pour « deux » et que par suite on ne voit pas ici comment l'arménien aurait pris *erku* au dehors.

En second lieu, les noms de nombre « trois » et « quatre », qui avaient en indo-européen la flexion du pluriel, ont en arménien au nominatif la forme du nominatif avec -*k*ʻ final, tandis que, à partir de « cinq », qui est le premier des noms de nombre indo-européens non fléchis, il n'y a pas -*k*ʻ : *erek*ʻ « trois », *čork*ʻ « quatre », mais *hing* « cinq », *vec* « six », etc. Or, le nom de nombre « deux » avait en indo-européen une flexion, qui naturellement était celle du duel. A l'époque historique, l'arménien n'avait plus le duel, et sans doute depuis longtemps ; la forme *erku* ne peut donc s'expliquer à date historique. Et il est remarquable que *erku* soit demeuré sans signe du pluriel, alors que la catégorie du duel était abolie en arménien. Cette survivance en arménien d'une trace du duel indo-européen est frappante ; elle rappelle ce que l'on observe dans lat. *duo*, gr. *dyŏ̄*, etc.

Le traitement **erk-* de **dw-* initial est étrange. Mais on a pu montrer qu'il se retrouve dans tous les cas où figure ce même groupe initial ; deux autres rapprochements, aussi bons pour le sens que celui de *erku* avec lat. *duo*, l'établissent. Et le fait s'explique en arménien (sur tout cela, voir p. 31).

Du reste, si *erku* était un ancien dissyllabe et si l'*e* y avait existé originairement, l'*-u* final n'aurait pu se maintenir ; car, dans tout dissyllabe dont l'arménien a hérité, la voyelle de la syllabe finale s'est amuie. L'*-u* de *erku*, qui répond si naturellement à l'ancien **-ō* attesté par hom. *dyō*, v. sl. *dŭva*, etc., n'est demeuré que parce que, à la date où se sont amuies les voyelles des syllabes finales, le mot n'était pas dissyllabique.

Toutefois l'étrangeté du traitement phonétique pourrait laisser des doutes à certains esprits. La démonstration est acquise dès que l'on montre les variations concordantes de la forme de « deux » en arménien et dans les autres langues indo-européennes. Comme un *ō* indo-européen est représenté par *u* en arménien, la forme *erku* repose sur **duwō*, conservé par exemple dans la forme homérique *dyō* et dans v. sl. *dŭva*, comme dans védique *d(u)vā*. Mais il y avait une autre forme **duwo*, avec *o* bref final, qui est la forme usuelle en grec, soit *dyo*. Or, à côté de *erku* « deux », l'arménien a *erko-tasan* « douze » (deux et dix), où le type à *o* bref est maintenu. Et ce n'est pas tout : au premier terme des composés, l'indo-européen avait **dwi-*, et non **dwo-*, ainsi *dvi-* en sanskrit, *di-* en grec, *bi-* en latin ; or, l'arménien a *erki-* dans *erkeam* « de deux ans ». Cette triple série de variations concomitantes exclut le hasard. La démonstration est ainsi achevée.

Il n'est pas toujours possible de trouver des concordances aussi complètes et aussi nombreuses. Il résulte de là que le degré de probabilité des étymologies varie d'un cas à l'autre. Dans quelques cas, comme celui qui vient d'être cité, la preuve ne laisse rien à désirer, et elle atteint un degré de rigueur qui se rencontre rarement en matière historique. Dans d'autres, le rapprochement n'est que possible, et parfois il est malaisé d'en montrer même la vraisemblance. Entre les deux extrêmes, il y a tous les degrés de probabilité : l'un des défauts les plus graves de beaucoup de dictionnaires étymologiques, c'est qu'ils n'indiquent pas assez les différences de valeur entre les rapprochements. Si le linguiste ne dispose pas de coefficients pour noter ces différences, il ne manque cependant pas de moyens de les faire sentir et de les signaler.

Pour faire progresser la linguistique historique, il importe de préciser, de systématiser et d'étendre les recherches. Car les théories reposent sur des données incomplètes, vagues, livrées par le hasard plutôt que choisies. Il faut des observations toujours plus précises : à chaque fois qu'on a observé les données de plus près, on a pu obtenir des résultats nouveaux. Pour les langues actuellement parlées, on est loin d'avoir mis en œuvre tous les moyens dont on dispose. La phonétique a besoin de laboratoires et, dans ces laboratoires, de linguistes exercés à manier les instruments. Et il ne suffit pas d'observer les faits tels qu'ils sont à un moment donné. Un article récent du regretté Poirot, paru dans les *Mélanges Andler*, a montré comment on peut saisir un changement au moment même où il se réalise, et en voir le mécanisme. Pour les langues anciennes, le linguiste doit recourir à une philologie de précision : on s'est parfois imaginé que le linguiste peut se contenter d'à peu près philologiques ; il a besoin tout au contraire de tout ce que les méthodes philologiques les plus exactes permettent de précision et de rigueur.

Il faut instituer des recherches systématiques. Presque rien n'a été fait jusqu'ici pour établir par des recherches méthodiques les théories linguistiques. Seuls, quelques psychologues ont amorcé des séries d'expériences dont la plupart n'ont pas été poursuivies par d'autres.

Il importerait par exemple d'étudier avec soin en quelles mesures les habitudes linguistiques acquises se transmettent de génération en génération. On ne sait pas si un enfant apprend plus facilement la langue de ses parents qu'il n'apprendrait une langue différente, et surtout une langue de type différent. Il y a là toute une enquête à faire, et qui n'offre pas de difficultés particulières.

Certains faits donneraient lieu de croire que les enfants de parents connaissant bien plusieurs langues ou des enfants de parents bilingues seraient plus aptes à bien apprendre eux-mêmes des langues diverses que des enfants de parents parlant l'un et l'autre une seule langue et la même.

Le fait que des innovations semblables semblent apparaître vers le même temps chez les enfants nés dans les mêmes conditions relèverait de l'hérédité des habitudes acquises.

On entrevoit ici tout un ensemble d'observations et même de recherches expérimentales qui jetteraient sur le développement linguistique une lumière nouvelle.

Du reste, l'expérience des linguistes est trop étroite. Si les grandes langues sont décrites souvent avec minutie, il s'en faut de beaucoup que les parlers locaux le soient avec assez de précision. En dehors des grandes langues, on n'a que peu de descriptions exactes ; or, il est nécessaire de voir comment fonctionnent des langues de type aussi différent qu'il est possible, et dans des conditions aussi variées qu'il est possible.

Chose plus grave, il n'y a presque pas d'état de langue qui ait été observé, décrit d'une manière exacte, précise. complète. Ce que donnent les descriptions phonétiques, les grammaires, les dictionnaires, ce sont ou des cas typiques, plus ou moins arbitrairement choisis, ou des normes. Mais il n'y a guère de domaine de l'ensemble duquel on puisse dire quel est en fait l'état linguistique. Or, ce qui intéresse le linguiste, ce ne sont pas les normes, c'est la façon dont la langue est mise en usage.

Rien ne diffère plus d'un état de langue qu'un autre état de langue. Autre chose est le parler d'un village rural où tout le monde est à peu près au même niveau social, où tout le monde a à peu près la même culture, autre chose est le parler d'une ville où il y a des hommes de conditions diverses, d'éducations diverses, de cultures diverses. Autre chose est une ville où tout le monde emploie la même langue, autre chose une ville, comme Constantinople, où se juxtaposent des populations parlant cinq ou six langues distinctes. Les conditions varient suivant les mœurs : dans telle ville du Levant, où les hommes savent plus ou moins quatre ou cinq langues et emploient au dehors ces langues suivant les cas, les femmes confinées à la maison peuvent n'avoir qu'une seule langue. La variété des situations suivant les gens est infinie.

On croit savoir ce que c'est que le français. En réalité personne ne sait vraiment comment parle l'ensemble des sujets ni dans un village français, ni dans une ville de province française, ni moins encore à Paris. Qui voudrait savoir comment évoluera le français devrait chercher en quelle mesure s'emploient les parlers locaux à la campagne et dans les villes, quelle forme spéciale affecte le français dans chaque province, dans chaque ville et, dans chaque ville, chez les gens de chaque condition sociale, de chaque profession, de chaque groupe.

Le français des grammaires et des dictionnaires est connu ; mais ce n'est qu'un ensemble de prescriptions. Ce qui importe au linguiste, c'est de connaître comment les gens qui parlent français se comportent vis-à-vis des règles. Or, on n'a là-dessus que des idées vagues ; il n'a été fait aucune enquête méthodique, à peine quelques sondages partiels.

Et pourtant le fait que le français commun devient en France la langue de tout le monde alors que, au début du XIXe siècle, il était la langue d'une très petite minorité d'hommes cultivés, a radicalement changé les conditions du développement de la langue et ne peut manquer d'y déterminer des innovations considérables.

Ce qui est vrai du français l'est de toutes les grandes langues du monde.

L'histoire constate que des langues communes s'étendent. Mais, en ce qui concerne le passé, la façon dont a eu lieu cette extension n'est pas déterminable. Et, quant au présent qu'on pourrait observer, on le laisse s'écouler sans presque le regarder. Avant 1914, le russe devenait à Tiflis la langue commune. Mais on n'a jamais indiqué par quels procédés, par quels intermédiaires. Le besoin d'avoir une langue commune dans une ville où vivaient côte à côte des gens dont la langue maternelle était le géorgien, l'arménien, le turc, le russe et bien d'autres idiomes encore, poussait à l'emploi du russe pour lequel travaillaient l'école et l'administration et qui avait le prestige d'apporter la civilisation. Mais tel menu trait de mœurs pouvait y contribuer largement : les femmes arméniennes ne se plaçaient pas comme servantes, et les familles arméniennes aisées avaient à leur service des femmes russes, notamment pour élever les enfants ; le russe devenait ainsi, pour nombre de petits Arméniens, surtout dans les familles les plus considérées, les plus influentes, une langue maternelle.

Le berbère, ancienne langue du pays, et l'arabe, langue des envahisseurs qui ont apporté l'islamisme, coexistent dans les territoires coloniaux de l'Afrique du Nord administrés par la France. L'arabe, qui est la langue de la religion et une grande langue littéraire, tend, au moins en Algérie, à éliminer le berbère, qui n'est qu'un ensemble de parlers locaux. En revanche, les populations islamiques, fidèles à leur religion et à leurs traditions, n'acceptent de la civilisation européenne que certains de ses éléments matériels ; elles n'adoptent donc pas le français en dehors de certaines nécessités extérieures. Les progrès de la civilisation qu'amène une administration européenne se trouvent dès lors pousser à l'abandon du berbère et à la généralisation de l'arabe, si bien que la domination française travaille sans le vouloir consciemment à étendre le domaine de l'arabe.

Il faudrait savoir, en cas de bilinguisme, comment chaque langue agit sur l'autre et quelles réactions résultent de là.

L'Amérique fournit des exemples remarquables, qu'il faudrait étudier en détail, et que les linguistes ont à peine effleurés.

L'Amérique du Nord a été colonisée par des colons en majorité anglais aux XVIIe et XVIIIe siècles. Le pays actuel des États-Unis n'a cessé qu'à la fin du XVIIIe siècle d'être une colonie anglaise, et le Canada est, aujourd'hui, un *Dominion* de l'Empire britannique ; des Anglais ont émigré chaque année pour les États-Unis au cours du XIXe et du XXe siècle. La langue littéraire n'a jamais cessé d'être la même des deux côtés de l'Atlantique ; les normes de la grammaire sont les mêmes ; l'école donne le même enseignement grammatical ; il y a même, surtout dans l'Est des États-Unis, un purisme anglais chez les gens les plus cultivés. — D'autre part, l'influence des indigènes n'existe pas. Les uns ont été éliminés, les autres ont été parqués dans des régions particulières ; il n'y a pas eu mélange des blancs avec les anciens habitants du pays. — Et pourtant, cent cinquante ans seulement après la déclaration de l'indépendance, l'anglais parlé en Amérique diffère notablement de celui qui s'emploie en Angleterre. Un critique littéraire distingué, M. Mencken, va jusqu'à parler — un peu tendancieusement — de deux langues distinctes.

La divergence s'explique.

Tout d'abord, l'anglais est moins résistant au changement que le francais. La grammaire est moins rigide ; l'anglais est surtout caractérisé par des expressions idiomatiques qui sont plus sujettes à se modifier que ne le sont des formes grammaticales proprement dites. Le purisme est d'ailleurs moins puissant en Angleterre qu'en France, moins organisé, moins populaire.

Les États-Unis sont devenus une nation puissante et qui ne sent, vis-à-vis de l'ancienne patrie, aucune dépendance, à qui une dépendance, même limitée à la langue, pèserait. Si des groupes intellectuels restent liés à la vieille culture anglaise, surtout dans la région d'ancienne colonisation, dans l'Est, c'est le fait de lettrés dont l'influence sur l'ensemble du pays n'est pas dominante. L'école ne dépend pas du gouvernement central et ne saurait jouer le rôle fortement unificateur qu'elle joue en France par exemple.

Et surtout les États-Unis sont un pays d'immigration. Il y est allé des émigrants de toutes les régions de l'Europe : irlandais pour qui, même s'ils parlaient anglais, l'anglais était le résultat d'une acquisition peu ancienne, allemands, scandinaves, lettes et lituaniens, polonais, russes, finlandais, roumains, juifs de l'Europe orientale, italiens, grecs, arméniens, et même syriens. L'anglais est la langue commune des États-Unis ; mais cette langue commune est parlée par beaucoup de sujets dont la langue maternelle était autre ou qui, même s'ils sont nés aux États-Unis, ont entendu de leurs parents une autre langue. Dans la plupart des régions, ces émigrants nouveaux sont beaucoup plus nombreux que les descendants d'anciens colons. L'anglais est donc parlé aux États-Unis par une majorité de gens chez qui la tradition de l'anglais est récente, et dont beaucoup sont encore bilingues. Au fur et à mesure que grandit l'importance du centre et de l'ouest des États-Unis où la proportion des immigrés récents est plus forte que dans l'est et où il y a moins de traditions britanniques, la langue risque plus de se corrompre.

En somme, peu de forces conservatrices, beaucoup de forces qui tendent au changement. Le fait que, dès maintenant, l'anglais évolue de manière différente en Angleterre et aux États-Unis n'a rien que de naturel.

Il serait singulièrement instructif de suivre les destinées de l'anglais dans le monde.

En se proposant d'examiner un domaine complexe tel que celui des langues du Caucase, l'Institut pour l'étude comparative des civilisations a donc le sentiment juste des besoins les plus urgents de la linguistique. Ce sont des enquêtes de cette sorte qui fourniront des renseignements précis et complets sur des états de langue, et qui, par là, permettront de renouveler les doctrines. On attend avec confiance les résultats que, par les soins d'observateurs fins et exercés, de linguistes profondément avertis, donnera pareille enquêté, et l'on souhaite que ces résultats provoquent à bref délai des enquêtes pareilles sur d'autres domaines. De ces enquêtes et de la rigueur avec laquelle elles seront menées dépend l'avenir de la linguistique.

TABLE DES MATIÈRES